# 引文行为研究

赖方忠 著

四川大学出版社

项目策划：蒋姗姗
责任编辑：蒋姗姗
责任校对：吴连英
封面设计：墨创文化
责任印制：王　炜

**图书在版编目（CIP）数据**

引文行为研究 / 赖方忠著. — 成都 : 四川大学出版社，2019.11

ISBN 978-7-5690-3214-7

Ⅰ. ①引… Ⅱ. ①赖… Ⅲ. ①引文分析－研究 Ⅳ. ①G250.252

中国版本图书馆CIP数据核字（2019）第278299号

**书名　引文行为研究**
YINWEN XINGWEI YANJIU

著　　者　赖方忠
出　　版　四川大学出版社
地　　址　成都市一环路南一段24号（610065）
发　　行　四川大学出版社
书　　号　ISBN 978-7-5690-3214-7
印前制作　四川胜翔数码印务设计有限公司
印　　刷　成都市新都华兴印务有限公司
成品尺寸　148mm×210mm
印　　张　5.625
字　　数　152千字
版　　次　2019年12月第1版
印　　次　2019年12月第1次印刷
定　　价　38.00元

◆ 读者邮购本书，请与本社发行科联系。
电话：(028)85408408/(028)85401670/
(028)86408023　邮政编码：610065
◆ 本社图书如有印装质量问题，请寄回出版社调换。
◆ 网址：http://press.scu.edu.cn

# 内容摘要

引文行为是一种学术交流活动，具有理论性和规则性，是受到法律保护的合法活动。引文动机是指特定对象引用他人的观点（思想）以帮助实现既定目的或达到既定目标的一种内在行为活动和心理活动。引文的作用是证明立论、观点的正确性，提高立论、论点的可信度，阐释立论、论点或延伸相关论点，丰富著述、论文的内涵，扩大外延。引文伦理是科研人员自律和学术共同体他律的制度化，应建构引文伦理基本原则，明确引文伦理制度和引文伦理规范，完善网络环境的引文治理。引文规范包括制度规范、标识规范、著录规范、编排规范，为进一步增强学术信息的传播能力，应强化引文规范原则和路径的建设。引文失范的类型主要有引而不精、引而不全、引而不通、引而不著、多引少著、引著不矩，其根源在于引文规范的缺失、科研伦理的缺位、引文教育的失真、引用者自身的缺陷以及出版单位的“功利”追逐。学术论著的引文行为有法律依据，在我国著作权法的保护范围之内，虽有量和质的限定，但应进一步规范学术研究中的引文行为，切实加强学术论著引文行为的版权保护。社科学术期刊与自科学术期刊的引文行为存在显著差异，社会科学类专著与自然科学类专著的引文行为存在差异，但差异不明显。引文教育，宜采用分层分类的教育方式进行。

# 前　　言

引文行为是一种十分复杂的行为活动和心理活动，国内外学者还没有从编辑学的角度对此展开研究。但关于引文动机，国外学者从图书情报文献学的角度展开了相关研究，如加菲尔德、温斯托克、索恩等。在国内，郭晓兰提出16种引文动机，陈晓丽以举例的方式列举了19种引文动机，张彦则直接提出引文动机包括4种类型，等等。这些研究既有正面的，也有反面的，它们为文献检索和引文分析提供了一定的理论基础。关于引文作用，国内外学者也有一些零星的阐述，但不具体、不全面，缺乏对引文本质的深入探究，从而导致得出的观点缺乏普适性。关于引文规范，美国学者编辑出版了MLA Style（美国现代语言协会体例）、APA Style（美国心理学协会体例）、Chicago Style（芝加哥体例）等学术研究、学术创作的著录规范范式，为国外学者开展学术研究、进行学术创作提供了较为全面的规范和制约措施。在国内，相关机构和单位制定了《文后参考文献著录规则》（GB/T 7714—2005）、《中国学术期刊（光盘版）检索与评价数据规范》（CAJ—CD规范）、《中国高等学校社会科学学报编排规范（试行）》和《高等学校哲学社会科学研究学术规范（试行）》、《历史研究》规定的引用规范等用以指导学术研究、学术创作的著录规范和学报的编排规范工作，大多数高等院校也相继制定了一些学术规范，但这种规定只是从操作层面来进行规范，缺乏必要的理论支撑。国内现有的引文行为研究成果较为散乱，系统逻辑性较弱，对规范研究者的引文行为缺乏指导性。国内外学者还没有对引文差异和引文教育进行系统的研究。

著　者

2019 年 9 月

# 目　　录

**第一章　引文行为研究概述**………………………………（1）
第一节　行为及引文行为………………………………（1）
第二节　引文行为研究…………………………………（3）
**第二章　引文动机的研究**…………………………………（12）
第一节　引文动机的概念、特征………………………（12）
第二节　引文动机的分类………………………………（15）
第三节　引文动机的判定………………………………（24）
**第三章　引文作用研究**……………………………………（29）
第一节　引文的类型……………………………………（29）
第二节　引文的本质……………………………………（39）
第三节　引文的作用……………………………………（41）
**第四章　引文伦理研究**……………………………………（46）
第一节　伦理及引文伦理………………………………（46）
第二节　引文伦理原则、制度和规范…………………（49）
第三节　网络新媒体时代的引文伦理…………………（59）
**第五章　引文规范研究**……………………………………（61）
第一节　引文规范………………………………………（61）
第二节　引文失范………………………………………（77）
第三节　“学术引文规范”评析…………………………（88）
**第六章　引文行为的法律属性研究**………………………（92）
第一节　引文行为的法律依据…………………………（92）

第二节　引文行为的法律缺陷……………………………………（103）
第三节　完善引文行为的措施……………………………………（105）
**第七章　引文差异研究**………………………………………………（111）
第一节　期刊引文差异……………………………………………（111）
第二节　专著引文差异……………………………………………（150）
**第八章　引文教育研究**………………………………………………（157）
第一节　引文伦理培育……………………………………………（157）
第二节　引文规范教育……………………………………………（159）
**结　语**…………………………………………………………………（168）
**参考文献**………………………………………………………………（170）

# 第一章　引文行为研究概述

## 第一节　行为及引文行为

### 一、行为

行为，现代汉语词典对之释义为举止行动，指受思想支配而表现出来的外表活动。一般来说，人的行为由五个基本要素构成，即行为主体、行为客体、行为环境、行为手段和行为结果。行为主体：人，具体而言是指具有认知、思维能力，并有情感、意志等心理活动的人。行为客体：人的行为目标指向。行为环境：行为主体与客体发生联系的客观环境。行为手段：行为主体作用于客体时所应用的工具和使用的方法等。行为结果：行为主体预想的行为与实际完成行为之间相符的程度。

### 二、引文行为

从社会学意义上看，引文行为是科学研究工作者（行为主体）在具体的科学研究工作中（行为环境）对他人的研究资料（行为客体）进行公开、公平、公正的引用（行为手段），并且这种引用不得侵犯他人的合法权利和利益（行为结果）。公开是指他人公开发表的成果或作品，如引用他人未公开发表的成果或作品需征得他人的同意；公平是指对他人成果或作品的引用无须考虑对方的学术身份或学术履历，所有公开发表的成果或作品都平等地享受被引用的权利；公正是指必须正确地理解被引用成果或作品的本意，不能断章取义。另外，科研工作者的这种引文行为，既是对其他科研工作者引文行为的学习和模仿，更是学校以及学术研究组织对科研工作者学术素养的教育引导和科学研究的规范要求。

从心理学意义上看，引文行为是科研工作者在科学研究过程中引用他人研究资料时的一种心理活动和行为活动。这种心理活动是科研工作者在遴选和取舍所引文献时的一种心理活动，具有特定的目标性，即所引文献的观点应与论述观点具有相关性，从而实现科研工作者的既定目标或达到目的；这种行为活动是科研工作者在进行文献选取时的一个特定过程，是他人不易察觉的特定行为，具有内隐性。只有当科研工作者在引文处予以明显的标识和著录后，所引文献才被他人所明知。从本质上讲，心理学上的引文行为，其目的是要解决引文动机和引文作用，实现引文的证明功效。

从管理学意义上看，引文行为是指科研工作者在浩如烟海的文献资料中，有预见、有目的地选取相关原始文献或第一手资料，为保证观点的可信度和证明力，同时还要多角度地查阅相关文献资料，从而确保所引文献最精彩、最恰当。从本质上讲，管理学意义上的引文行为，主要是如何恰当地使用引文，确保引文与作者自述语言的语义连接与贯通。

从法学意义上看，引文行为是指科研工作者引用他人的研究资料时必须符合相关的法律规定和制度约束。从本质上讲，法学意义上的引文行为，主要是解决引文规范性、知识产权保护以及杜绝学术不端行为之抄袭、剽窃行为。

## 第二节　引文行为研究

### 一、主要对象及研究内容

引文行为是一种十分复杂的行为活动和心理活动。其研究对象主要包括引文行为的主体、引文行为的客体、引文行为的过程和引文行为的结果。

引文行为的主体指人，专指科研工作者，包括四个层面的意思：第一，在学术论著创作过程中，我们为什么要引他人的研究成果，这就是我们常说的引文动机的问题；第二，我们该如何引用他人的研究成果，这就是我们常说的引文规范的问题；第三，引用他人研究成果是否达到或实现了我们的既定目标，这就是我们常说的引文作用的问题；第四，不同主体之间、不同学科之间、不同成果形式之间的引文行为是否具有一致性或差异性，这就是我们常说的引文行为差异的问题。

引文行为的客体是指科研工作者“占有”的并且是被引用的原始材料或第一手资料。第一，如原始材料或第一手资料，系他人公开发表的，则可自行合理引用；如原始材料或第一手资料，系他人没有公开发表，则需征得“原始材料或第一手资料”所有权人同意，方可合理引用。第二，引用必须要把握好“度”。这个“度”是区分学术行为是否端正的显著标志。第三，对引用的部分必须予以清楚完整的著录和标识。

引文行为的过程是指引文行为的主体对引文行为客体的甄别和遴选的过程。甄别和遴选的前提条件是被引用文献的观点应与引文行为主体的所述观点具有相关性。

引文行为的结果是指行为主体对行为客体所产生的法律后

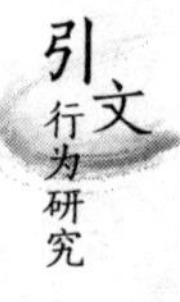


果，即不能侵犯行为客体的所有权人的知识产权。

通过对上述研究对象的具体分析，为后面论述的方便，我们将上述研究对象综合概括为三个部分：引文行为研究，引文差异研究，引文教育研究。

### （一）引文行为研究

引文行为研究主要包括以下内容：

#### 1. 引文行为研究的理论基础

其主要研究引文的动机和引文的作用，为引文行为规范研究奠定坚实的理论基础。引文动机主要包括：引文动机的概念、内涵和特征的分析，引文动机的分类以及分类的科学性辨析，积极引文动机和消极引文动机的判定。引文的作用主要包括：引文的本质、引文的作用。

#### 2. 引文伦理

其主要包括：引文、伦理的历史维度考察，引文伦理的提出和概念的重构以及建立引文伦理的科学依据，引文伦理的基本原则，违反引文伦理的种种表现以及规制措施。

#### 3. 引文制度

其主要包括：国外引文制度规范的评价分析，我国引文制度规范的评价分析，当下我国引文制度规范的缺陷及发展趋势。

#### 4. 引文标识

其主要包括：纸张型载体的参考文献的标识规范，电子载体的参考文献的标识规范。

#### 5. 引文著录

其主要包括：引文著录规范的内涵，引文著录规范的历史考察，引文著录指标内涵的解读。

6. 引文编排

其主要包括：引文编排规范概述，引文编排规范的历史考察，引文编排规范的学术价值考察，注释编排规范、参考文献编排规范。

7. 引文法律属性

其主要包括：引文的法律属性研究，积极引文与抄袭和剽窃之关系探讨，积极引文与过度引文之辨析，完善引文行为的著作权保护的法律法规及措施。

8. 引文与相关问题的分析

其主要包括：引文的公信力问题研究，编辑审稿与引文行为，引文规范路径探讨，引文行为控制等。

### （二）引文差异研究

引文差异研究主要有：社会科学学术期刊引文数据统计与分析，自然科学学术期刊引文数据统计与分析，社会科学学术期刊与自然科学学术期刊的引文差异；不同出版社之间的著作引文差异，同一出版社不同学科属性的著作引文差异。

### （三）引文教育研究

引文教育研究主要有引文伦理培育和引文规范教育。

## 二、引文行为研究的样本选取

### （一）学术期刊样本的选取

国家新闻出版广电总局先后对学术期刊进行了两批次的认定，因此，我们选取的学术期刊样本均是在两批次的认定范围之内。时间选取在 2012—2015 年度。样本选取采用随机抽取的形式。

1. 社会科学学术期刊的样本选取结果

在社会科学学术期刊中，我们选取了16家学术期刊，出版年度在2012—2014年度。它们分别是《武汉大学学报》（人文社科版）2013年第2期、《复旦学报》（社会科学版）2013年第3期、《中国社会科学》2014年第9期、《中国法学》2014年第5期、《中山大学学报》（社会科学版）2013年第1期、《北京大学学报》（哲学社会科学版）2012年第3期、《清华大学学报》（哲学社会科学版）2012年第5期、《华东师范大学学报》（哲学社会科学版）2013年第5期、《南京大学学报》（哲学·人文科学·社会科学）2013年第3期、《南京师范大学学报》（社会科学版）2013年第3期、《陕西师范大学学报》（哲学社会科学版）2012年第3期、《湘潭大学学报》（哲学社会科学版）2013年第3期、《公共管理学报》2014年第3期、《吉林大学社会科学学报》2013年第3期、《社会科学研究》2013年第1期、《世界经济》2014年第10期。

在上述16家社科学术期刊中，既有高等院校主办的，如《武汉大学学报》（人文社科版）、《复旦学报》（社会科学版）、《中山大学学报》（社会科学版）、《南京师范大学学报》（社会科学版）、《吉林大学社会科学学报》、《北京大学学报》（哲学社会科学版）、《清华大学学报》（哲学社会科学版）、《华东师范大学学报》（哲学社会科学版）、《陕西师范大学学报》（哲学社会科学版）、《湘潭大学学报》（哲学社会科学版）、《南京大学学报》（哲学·人文科学·社会科学）、《公共管理学报》；又有科研院所主办的，如《中国社会科学》《社会科学研究》《世界经济》；还有行业协会主办的，如《中国法学》。在高等院校主办的学术期刊中，期刊命名的方式都是"学校名（或校名简称）+学报"，但学报版本有差异，具体表现为人文社科版，如《武汉大学学报》；

社会科学版，如《复旦学报》《中山大学学报》《南京师范大学学报》《吉林大学社会科学学报》；哲学社会科学版，如《北京大学学报》《清华大学学报》《华东师范大学学报》《陕西师范大学学报》《湘潭大学学报》；有哲学·人文科学·社会科学版，如《南京大学学报》。

我们选取上述期刊作为样本进行统计，一是基于期刊的学术性和影响力，二是这些期刊在地域上有一定的代表性。所以，样本在统计学上具有普适性。

2. 自然科学学术期刊的样本选取结果

在自然科学学术期刊中，我们选取了8家学术期刊，出版年度均在2015年度。它们分别是《中山大学学报》（自然科学版）2015年第1期、《东北师大学报》2015年第2期、《华中师范大学学报》2015年第3期、《清华大学学报》（自然科学版）2015年第4期、《四川大学学报》（自然科学版）2015年第4期、《南京大学学报》（自然科学版）2015年第4期、《北京师范大学学报》（自然科学版）2015年第4期、《西南师大学报》（自然科学版）2015年第6期。

我们选取这8家学术期刊为样本进行统计，一是基于期刊来源的便利性，上述期刊都是在四川警察学院图书馆取得的；二是集中选取了师范类院校和综合性院校学报的自然科学版，剔除了农林医院校的自然科学版。虽然在样本的普适性上稍逊上述社科学术期刊，但学术影响力可谓旗鼓相当。

（二）学术专著的样本选取。

截止到2015年年底，中国大陆共有图书出版社584家（含副牌社33家），全年出版书籍44.8万种，约占世界的五分之一。在出版规范化方面，与世界发展相比，还有比较大的差距。在推进标准化与国际接轨方面，与其他行业相比，出版业也明显落后。因此，在出版社样本的选取上，应有一定的依据，方才具备较强的说服力。

2009年8月11日，国家新闻出版总署经营性图书出版单位等级评估办公室发布了“全国百佳图书出版单位”名单（出版管字〔2009〕1079号），将“全国百佳图书出版单位”分为8大类。各类别不分先后，排名不分先后，按拼音排序：社会科学类（31家）、科技类（18家）、大学类（20家）、教育类（6家）、古籍类（4家）、少儿类（6家）、美术类（6家）、文艺类（9家）。在这8大类中，剔除少儿类、美术类、文艺类的出版社，只在社科类、科技类、大学类、教育类、古籍类出版社中进行样本选取。每一类出版社选取两家出版社进行样本抽取。

在社会科学类出版社中，我们选取了法律出版社和商务印书馆；在科技类出版社中，我们选取了电子工业出版社和科学出版社；在大学类出版社中，我们选取了北京大学出版社和复旦大学出版社；在教育类出版社中，我们选取了高等教育出版社和教育科学出版社；在古籍类出版社中，我们选取了国家图书馆和中华书局。

为考虑到实效性和专著的学术性，我们在进行样本抽取时，注意了三点：一是在出版时间上有一个较为严格的限制：专著的出版时间在2010年以后（含）；二是所有著作必须是“著”，剔除了编著、主编、编等著作形式；三是重点关注包括哲学社会科学、人文科学、自然科学等学科的研究型著作，对通俗理论读物、科普读物等尽量回避。为避免研究者个人受书名的偏好、学科的差异性等因素的影响，我们委托了2名本科学生在四川警察学院图书馆进行样本的抽取。抽取方式：在我们确定的出版社中，法律出版社和商务印书馆（社会科学类）、电子工业出版社和科学出版社（科技类）、北京大学出版社和复旦大学出版社（大学类）、高等教育出版社和教育科学出版社（教育类）、国家图书馆出版社和中华书局（古籍类）各选取1本。抽取结果如下：

［1］法律出版社：《社会主义法治理念概论》，喻中著，2012年5月第1版。

［2］商务印书馆：《中国古代社会研究》，郭沫若著，2011年12月第1版（本书据人民文学出版社1963年版《沫若文集》第14卷排印）。

［3］电子工业出版社：《你的个人信息安全吗》，李瑞民著，2014年5月第1版。

［4］科学出版社：《大学生就业能力论》，康延虎著，2014年4月第1版。

［5］北京大学出版社：《反垄断法价值问题研究》，叶卫平著，2012年8月第1版。

［6］复旦大学出版社：《情商中国》，徐彦平著，2013年9月第1版。

［7］高等教育出版社：《自由实践的教育管理——美学的视角》，孙玉丽著，2011年1月第1版。

［8］教育科学出版社：《中国西藏教育研究》，吴德刚著，2011年1月第1版。

［9］国家图书馆出版社：《传统特色文献整理与收藏研究》，徐建华著，2010年8月第1版。

［10］中华书局：《蒋百里传》，陶菊隐著，1985年2月第1版。

## 三、引文行为的研究方法

从所选样本的引文现状入手，采用实证研究方法、解释研究方法、批判研究方法，运用编辑学、传播学、语言学、法学、情报学的相关理论，对上述问题逐一剖析。

### （一）实证研究方法

该方法从科学研究的视角出发，关心引文实务中各种变量的可行性及其实际意义，以特定的研究框架为基点，采用取证（抽样，数据收集、验证，数据分析和推论）的量化方式探求具有普遍意义的、广度的现象。具体来说主要包括调查研究法和数理统计法两种形式。

### （二）解释研究方法

该方法注重从整体引文中解释某一具体引文的特定含义和本质，理解特定的引文事件或引文现象。该方法主要包括个案研究法、解释描述法两种形式。

### （三）批判研究方法

该方法从预存立场出发，关注引文与特定语言（语义）环境有关的因素或现象，谋求建立新的引文秩序。其目的是揭露和批判不真实、不恰当、不准确引文行为和“唯名”引文行为，发现和展示自然科学类与哲学社会科学类研究中引文的差异性，探索引文的公信力问题。

## 四、引文行为研究的价值维度

对科学研究或某一特定研究主题而言，其价值维度主要包括三个部分：学科价值、学术价值、社会价值（社会现实意义）。学科价值主要是看该项研究成果对本学科或与其相邻近学科（交叉学科）以及是否诱发新的学科（专业或方向）的贡献度。学术价值主要是看该项研究成果对于现有理论研究（要么是验证现有理论研究，要么是充实和发展现有理论研究）的贡献度。社会价值主要是看该项研究成果对社会发展的实际贡献度（现实贡献度），即是否探讨、解决了某些社会现实问题。从某种意义上看，学科价值是延伸的一条线，学术价值是发展的一个面，社会价值是纵深拓展的一个度。具体到本研究内容而言，该项研究的学科价值、学术价值、社会价值如下：

学科价值。该项研究有助于考察学科的发展、学科与学科之间的交叉与融合，促进学科的深化和精细发展，丰富和完善图书馆、情报与文献学的学科发展；提高编辑的审稿水平，提升编辑的学术鉴别力，促进出版物的规范化建设，对新闻学与传播学的学科发展，特别是出版编辑学和传播学的专业建设，意义重大。

学术价值。该项研究可以进一步规范科研工作者的引文行为，使影响因子的统计更具科学性、客观性，核心期刊的遴选更具公正性；建立引文伦理规范制度，从制度上遏制学术不端行为的产生；对于提高编辑的审稿水平和识别稿件学术性和创新性的能力，提高出版物的学术水平和出版质量，均具有重大的学术价值。

社会价值。该项研究对于规范科研工作者的研究行为，提高研究成果的原创性水平，减少和杜绝学术不端行为，实现科研（数量）大国向科研（质量）强国的转变，具有重大的社会价值。

# 第二章　引文动机的研究

## 第一节　引文动机的概念、特征

在学术研究中，任何一部著作或一篇论文的写作，都离不开对他人已有知识成果（后文为叙述的方便，将知识成果简称文献）的借鉴和利用。这里的借鉴和利用就是我们通常言及的引用。引用可靠的资料，借鉴他人的研究成果，对已有的学术成果进行价值评判，或者为读者提供必要的研究资料、信息、线索，等等，这些都是通过文献引证来完成的。因此，有学者又将引用称之为引证，引用的部分称之为引文。目前，参考文献和注释是全国期刊文献标准中规定的两种引文形式。学界通常称之为注释体制和著者出版年体制（参考文献）。虽然参考文献和注释所附都以引文为主，但从引文涵盖面来看，参考文献范围更广，它不仅包括作者实质上引用过的文献，还包括作者在论著写作中参考过的文献或作者向读者推荐的可供参考的文献即非实质性引用的文献。至于刊物采取何种引文形式，这不是此处论及的问题。此处要论及的问题是：我们为什么要引用别人的研究成果？

我们为什么要引用别人的研究成果？有学者将之简称为引文动机，也有学者称之引文目的，还有学者谓之引文缘由、引文原因。为了论述的需要，这里统称为引文动机。

## 一、引文动机的概念

任何科学研究都是以概念分析作为起点的。美国当代人类学家 E. 霍贝尔在论及概念的重要性时写道：一个探索者在任何领域中的工作总是从创造该领域中有用的语言和概念开始的。概念是反映事物本质属性的思维形式。一个概念包含着一定的内涵和外延，也就揭示了它们包含的特定范畴和研究对象。与此同时，对概念的研究与对问题本身的研究一样，具有同等重要的理论价值。概念不明确，难免在实践中产生不必要的争论。因此，对引文动机的分析和探讨，必须建立在具有明确的引文动机概念的前提基础上进行，概念不明确，引文对象的分析和研究就无从谈起。

动机是推动人从事某种活动，并朝一个方向前进的内部动力，是为实现一定目的而行动的原因。动机可以由当前的具体事物所引起，也可以是事物的表象和概念，甚至是人的信念和道德理想，等等。因此，凡是引起人去从事某种活动、指引活动去满足一定需要的愿望或意念，就是这种活动的动机。动机是人的活动的推动者，它体现着所需要的客观事物对人的活动的激励作用，把人的活动引向一定的、满足他需要的具体目标。

引文动机是指特定对象为实现某种目标或达到某种目的而引用他人的观点或思想以帮助实现既定目标或达到既定目的的一种内在行为活动和心理活动。

说它是一种内在行为活动，是指在学术论著写作过程中，作者（引用者）事实上在寻找具有支撑力的证据和被认可的权威，以便使读者相信他们论著中的知识内容是符合科学研究精神的，得出的结论体现了学术观点的继承和发展。在“寻找具有支撑力的证据和被认可的权威”中，至于作者（引用者）怎样去寻找“具有支撑力的证据和被认可的权威”，又如何在这些找来的证据和权威中进行遴选和取舍的，这些是研究者和读者不知道的一种过程和一种行为。只有在作者（引用者）完成写作后，才将“具有支撑力的证据和被认可的权威”在文章中和在文后的参考文献著录中予以明确的标识。研究者和读者在阅读完全文后，才知道其引用的“具有支撑力的证据和被认可的权威”以及“具有支撑力的证据和被认可的权威”的资料来源。

说它是一种心理活动，是指它是作者（引用者）在遴选和取舍这些“具有支撑力的证据和被认可的权威”时的一种心理活动。引文行为取决于个人兴趣或个人的特征，作者（引用者）根据一定的遴选标准，进行一系列的思想斗争，进行遴选和取舍，以帮助实现既定目标或达到既定目的。

## 二、引文动机的特征

特征是某人或某事物所特有的性质，可以作为事物特点的指向、标志等。特征是该事物区别其他事物的本质反映。引文动机的特征是指引文动机区别于其他动机的最显著的标志。引文动机的标志十分明显。具体说，主要有以下几点。

### （一）行为活动和心理活动的高度统一性

行为活动是作者（引用者）在从事科学领域活动中怎样去“寻找”“具有支撑力的证据和被认可的权威”，以有利于证明自己的思想或观点。证明自己的思想或观点的目的主要包括：证明立论、观点的正确性；提高立论、论点正确性的可信度；阐释立论、论点或延伸相关论点，丰富著述、论文的内涵，扩大外延。心理活动是作者（引用者）在遴选和取舍这些“具有支撑力的证据和被认可的权威”时所持有的一种特殊的心理状态。行为活动和心理活动始终围绕着“‘具有支撑力的证据和被认可的权威’以有利于证明自己的思想或观点”这一中心。如果行为活动和心理活动没有高度统一，就有可能出现这样两种情况：一是在行为活动中找寻到了“具有支撑力的证据和被认可的权威”，但作者在遴选和取舍时出现了偏差，导致“具有支撑力的证据和被认可的权威”被弃之不用；二是在行为活动中收集到了很多的资料，作者（引用者）又无法对这些资料进行取舍，出现了“占有资料很多，为我所用的却很少”的尴尬境地。只有行为活动和心理活动的高度统一，才会出现“‘具有支撑力的证据和被认可的权威’有利于证明自己的思想或观点”。

（二）强烈的目的性

首先，作者（引用者）的行为活动具有强烈的目的性。作者（引用者）在科学研究的起步阶段，就为自己设立了一个既定的目标，然后围绕这个既定的目标进行资料的搜集和整理。其次，作者（引用者）的心理活动也具有强烈的目的性，主要表现为作者（引用者）对所搜集的资料进行整理时始终围绕着“能够为自己的思想或观点提供‘具有支撑力的证据和被认可的权威’”，以便于既定目标的实现。最后，作者（引用者）的所有行为活动和心理活动，都共同指向一个目标，这个目标与作者（引用者）的既定目标相吻合、一致。如果出现的目标与既定目标出现了偏差，那么作者（引用者）就会重新调整自己的行为活动和心理活动。

## 第二节　引文动机的分类

学术论著所附的引文虽然在书面形式上平淡无奇，而且都毫无异样，但所附的引文总是反映了被引文献与引用文献之间所存在的这样或那样的关系，中外学者对于这种引证关系存在的原因，即引文动机进行了多方面的探讨，著述丰盛。有学者从文献计量学或图书情报学的角度进行解剖，也有学者从作者（引证者）的角度进行分析。

## 一、我国对引文动机的分类

在中国，引文专家将引文动机分为：①为了对先驱者表示崇敬；②为了对相关工作表示赞同（对同行的尊敬）；③为了对方法或仪器设备表示认同；④为了向读者提供阅读背景；⑤为了纠正自己的工作；⑥为了纠正别人的工作；⑦为了批评前人的工作；⑧为了支持某种诊断；⑨为了报道、指示、提请注意有关文献；⑩为了找到那些传播不广，索引很差，又未被引证过的文献而提供线索；⑪为了验证科学事实和数据，例如援引物理常数等；⑫为了鉴别曾讨论过的某个思想、人名、术语或概念的原始文献；⑬为了某个时代的某个概念或术语的原始文献或其他著作；⑭为了对别人的工作或思想提出反证（否定性论断）；⑮为了与别人讨论某个思想观点的优先权；⑯为了给自己的论点寻求可靠的证据。

也有学者通过列举的方式收集了如下数种：

研究引用：为研究某人或某思想、观点而引用其文献。

论证引用：为一种观点、说法或主张提供文献依据和支持。

褒扬引用：为褒扬某人、某事、某观点或学术成果而引用其文献。

敬意引用：对名人、经典作家表示敬意而引用其文献，常见的有用马克思、恩格斯、列宁、毛泽东、邓小平等文献帮助理解原文或用原文来论证经典论述或研究经典。

赞同引用：承认、赞同他人学术成果而引用文献。

寻源引用：为追根寻源而引用文献。

加强论证：以他人的言论、理论来加强自己论述的力量或证明自己观点正确。

反驳引用：为了反驳、批评与更正他人的理论而引用其人论述的文献。

举例引用：为研究成果提出实例而引用文献。

比较引用：为了进行比较对照而引用文献。

列举引用：为列举不同的说法、观点便于读者全面了解而引用文献。

自我引证：为使研究具有延续性而引用自己的文献。

借鉴引用：引用新技术、新方法、新名词等，借认他人的工作或观点提高文献的新颖性。

评介引用：图书评介、综述评介性文章引用被评介文献，为文献提供论据。

启发引用：受了引文启发而产生的新见解。

补充引用：为增强说服力在已有论据情况下，为自己的论点补充论据。

结论引用：引用他人论述做文献结论。

解释引文：为了解释某词而引用。

核对引用：核对引文中某一个主张或概念而引用文献。

上述两位学者从微观的角度将引文动机罗列出来。也有学者从宏观角度将引文动机归纳为四个方面：①归誉和起源；②提供证据和说明；③将目前的工作和以前的工作联系起来；④批评或否定过去的著作。

## 二、国外对引文动机的分类

在国外，对引文动机的分析和研究比中国要早，并且研究更全面、更深入，有正面的，也有反面的。在20世纪60年代，美国科学情报社在加菲尔德的领导下陆续建立了一系列世界上最大的自然科学（SCI）、社会科学（SSCI）、艺术与人文科学

（A&HCI）等引文数据库，为科技文献检索和引文分析提供了有利的手段。对此，加菲尔德将引用的原因归结为以下 15 点：①对科学开创者表示敬意；②给相关的工作给予应有的评价（尊重同行）；③鉴别方法、仪器等；④提供知识背景；⑤修正自己的著作；⑥修正他人的著作；⑦批评早期的著作；⑧陈述要求；⑨展望前景；⑩对不确定的传播，不适当的引用和该引未引的文献进行澄清与补充；⑪鉴定实验数据和理化常数；⑫核对引文中某一主张或概念，是否已被讨论过；⑬核对原始资料中或其他著作中的起因人物的一个概念或一个名词；⑭承认他人的工作或观点；⑮对别人要求的优先权提出异议。以上引用原因，认为是出于正常动机，对引文目的是充分肯定的：在引证过程中不同程度地反映科学发展、文献交流的客观状况，同时也反映了科学文献的引用和被引用是科学知识和情报内容的继承与利用。加菲尔德的这 15 项引文动机是针对所有引文行为而言的，文献的作者针对高频率被引的业已发表的论文，罗列了引文的如下 7 条理由：①提供了历史背景资料；②为了说明其他相关著作；③不是为了比较，而是旨在补充信息或数据；④正是为了比较而补充的信息或数据；⑤理论公式的应用；⑥方法论的应用；⑦理论或方法的新路线。

由于具体的社会环境和利益驱动，还有许多与引文无关以非正常状态出现。也就是说，研究者对被引文章的目的并不是统一地肯定。对此，1971 年温斯托克有专门的论述。温斯托克总结作者引文的 15 种目的：①对开拓者表示敬意；②对有关著作给予肯定（对同行表示敬意）；③对科研采用的方法、设备的论证；④提供背景性材料；⑤对自己著作的纠正；⑥对他人著作的纠正；⑦对他人著作的批评；⑧为自己论点寻找可靠的根据；⑨提请注意即将发表的著作；⑩对未被充分传播、标引或未被引用文献给予引导；⑪验证数据，如物理常数等；⑫检查原始出版物中是否曾对某一观点或概念进行过讨论；⑬检查原始出版物或其他著作是否曾讨论过某一人名、概念或术语；⑭否定他人著作或观点；⑮对他人优先权提出异议。

从这 15 种引证行为中，温斯托克对于所引文献持完全肯定的只有①②两条；而⑥⑦⑭⑮等 4 项是直接否定所引文献的，比前述肯定的目的要多一倍；绝大多数（15 项中的余下的 9 项）是中性的，与被引文献的优劣无关。更进一步说，温托斯克将引文动机分为了 3 种类型，即肯定型引文动机、中性引文动机、否定型引文动机。

现实生活中所产生的引文目的，还远非上述的 15 种动机。与之相反，作者由于出于复杂的心态和目的去引证与科学发展、文献交流毫无关系的某些文献。1977 年索恩即撰文列出 6 种：①为阿谀某人的引用；②以自诩为目的的引用；③为相互吹捧而带有偏见的引用；④为支持某一观点的引用；⑤为维护某一学术研究派别利益的不正常引用；⑥因迫于某种压力的引用。显然，索恩所列出的这些非正常的引文，只能算作是信息垃圾，不能将其算作为供作者服务之列，甚至于这类引文应当作统计学上的坏值予以剔除。

上述研究表明，引用行为及引用动机复杂多样。尽管有人总结出 15 种或 19 种动机；有的归纳出 3 大类型（肯定型引用动机、中性引用动机、否定型引用动机）；甚至有的研究者认为，引用行为及引用动机是一个谜，没有人可以真正知道文献为何被引用，没有人能够规范引文行为；也有人认为不管是正面引用还是负面引用，都说明其学术影响大，文章起了作用。但更多的人认为，引用越多，说明其研究成果越有反响，其影响越大，一般说来，其价值也越大。当引文数量足够大时，负面引用的影响将很小。

## 三、引文动机的科学分类

笔者认为，引文动机是客观存在的。对于客观存在的事物，我们应采取实事求是的科学态度。因此，对引文动机的研究，应采用两分法，即积极的引文动机和消极的引文动机。积极的引文动机体现了引用文献与被引用文献在学科上的关联，为作者（引用者）所阐述的观点提供了强有力的支撑体系，为编辑在审读稿件过程中提供了佐证材料。与此同时，积极的引文动机也为文献计量学的统计与分析奠定了坚实的基础，为核心期刊的遴选提供了公正的平台。消极的引文动机在一定程度上体现了作者（引用者）的“功利”目的或学术主办单位、学术研究机构不正当的利益。对作者而言，编辑在审读稿件过程中，应将消极的引文予以删除。如部分作者（引用者）为了提高发表的概率，过分引用名人文献而忽视非名人文献。对群体引用者而言，在进行文献计量学的统计与分析时应将其剔除。

积极的引文动机包括以下几个因素：文献真正被引用；作者（引用者）真的使用被引用文献，且被引用文献提供了有意义的信息；被引用文献的内容与引用文献内容具体相关；所有引用的价值相等。

“文献真正的被引用”是指在引证过程中，被引用文献的存在不是可有可无的，而是必须存在的，它是文章不可或缺的一部分。至于作者（引用者）采取何种引文方式，学界没有做硬性的规定，取决于作者（引用者）的写作习惯和写作能力。但有一点必须肯定的是，作者（引用者）的确引用了别人的文献，并且在文章中间有明确的标识以及文章结尾参考文献中有清楚的著录。引用文献应有明确的标识和清楚的著录涉及编排规范化的问题，这里不论及。

一方面，“作者（引用者）真的使用被引用文献，且被引用文献提供了有意义的信息”是指在引证过程中，作者使用这些引用文献实现了既定目标或达到了既定目的；另一方面，被引文献提供了有相当价值的信息，帮助作者实现既定目标或达到既定目的起到了证明作用、解释作用和补充说明的作用。从形式上看，著文与被引用文献，无非是施论引文和受论引文之间的关系，更直接地说是引用与被引用之间的关系。这种关系貌似简单的联系，其实内在含义非常丰富，主要体现在“提供了有意义的信息”。例如陆建志所写，并载于《情报科学》1989 年第 2 期的文章《汉语主题词表不足与相应对策》文中，引用了丘峰发表于《情报学刊》1987 年第 1 期上的《我国情报检索语言标准化的几个问题》一文中的数据。仔细考究其原因，原来陆文谈到了《汉语主题词表》与《中国图书馆分类法》有良好的兼容性，“两者互换率为 92.3%”，这一数据恰好出自丘文。可见，陆文不仅真的使用了丘文提供的数据，而且丘文提供的数据的确提供了有意义的信息，从侧面印证了《汉语主题词表》与《中国图书馆分类法》有良好的兼容性。

“被引用文献的内容与引用文献内容具体相关”是指在引证过程中，引用文献与被引文献不同程度地反映学科发展的现状和相关学科的相互交叉和融合以及文献交流的客观情况，既揭示学科之间的相互关系，也从侧面表现出该学科的科研队伍和该学科的进展水平和动态。“具体相关”既包括“正相关”，也应当包括“负相关”。“正相关”是指引用文献对被引用文献持完全肯定的行为，“负相关”是指引用文献对被引用文献持商榷行为或批判行为以及全盘否定行为。不管是“正相关”还是“负相关”，都反映了学科的建设和发展现状，特别是“负相关”，更有利于学科的深化，促进学科科学的发展，即在批判与反思中取得历史性进步。

“所有引用的价值相等”是指所有被引用的文献，他们的价值是等同的，并不会因为排序的前后而使得价值的降低或增加，更不会因为名人文献与非名人文献而左右引用价值的大小。引用文献所产生的价值主要体现在两个方面：学术证明价值和学术发展价值。学术证明价值是指作者（引用者）使用被引用文献来解释自己的立论或论点，证明自己的论点不是空穴来风，而是言出有据，并为自己的观点提供了一个强有力、有利的支撑体系，从而确保自己立论、论点的正确性，提高立论、论点和论据的可信度；学术发展价值是指作者（引用者）使用被引用文献来延伸相关论点，丰富著作或论文的内涵，扩大外延。

由于受“唯核心期刊论”的影响，消极的引文动机则包括以下现象：部分期刊主办单位或学术研究机构为了片面提高引用率和影响因子，在采用稿件中着力强调必须引用本期刊业已刊发的文章。例如，在1997年的综合医学期刊上报道了围绕影响因子的一些不当做法。《白血病研究》的主编揭发《白血病研究》对投稿作者示意，要求在参考文献中尽可能地引用该刊的文章，并将得到的示意作者的信函复印件寄给《英国医学杂志》，要求制止《白血病研究》这种明目张胆地操作影响因子的不当行为。这种行为在国内的期刊中也存在，只是没有报道出来罢了；或者部分期刊为保住核心期刊名称或为了进入核心期刊阵容，采用“抱团作战”的手段，相互引用对方刊发的文章，以相互提高引用率和影响因子；更有甚者，少数期刊编辑部在采用稿件中，责令责任编辑根据文章的内容找寻期刊业已发表的文章添加引文和参考文献。

研究引文动机，还可以从特定对象入手进行。就学术论著的作者（引用者）而言，体现出了积极的引文动机。作者的引用有两种：一是自引，二是转引。

自引是一种常见的引文形式，是指科研人员在某一学科或专业进行连续不断的研究过程中，每当发表新的论文时，要回顾本人以前的论点并提供一些背景资料以避免重复，这样就形成了文献的自引。自引分为两类：一类是引证自己过去所发表的论文，一类是合著者之间的相互引证。自引与其他引文一样，其被引证规律对揭示学科之间相互关系是非常有用的。作者在论文中的自引量反映了科学研究的进展水平和动态。从自引出发，可以了解某一研究课题的进展情况，把握学科的发展。

转引的方式有三种：一种是作者引用的文献直接来源于原始文献；二是作者引用的文献不是直接来源于原始文献，而是源于引用者的文献或二次文献；三是作者引用的文献来源于原始文献，但没有看过原文，而是从别人的论文所附的参考文献中套录的（这种情况多出现在中文稿件引用的外国文献中）。这三种文献普遍存在于参考文献中。第一种方式能够确定引用内容的正确性，能够保证引文的真实性和可靠性，应大力提倡作者采用这种方式。第二种引用方式属于间接引用，应当避免。第三种方式不能够确定引文内容是否正确，更应该尽量避免。

从引文伦理来看，引用者应坚持实事求是的原则，不管被引文献是出自名家之手还是出自无名小卒，都应该出于对前人研究成果的尊重如实地在文章予以标识和在文后参考文献中著录。因此，从这个角度上看，无论是作者自引，还是转引，其动机都是在寻找具有支撑力的证据和被认可的权威，以便使读者相信他们的论著中的知识内容是符合科学研究精神的，得出的结论体现了学术观点的继承和发展，其引文的动机是积极的。

总之，在学术论著中，对引文行为起主导作用的还是作者（引用者）。因此，如何引导作者（引用者）规范引文动机，是产生积极引文动机、避免消极引文动机的关键所在。为此，笔者建议：第一，加大对引文动机的宣传，提高对引文意识的认识，将引文意识提高到科学精神的高度和求真务实的态度，做到引文如实、恰当；第二，编辑人员也应将引文作为文稿审核的内容之一。首先审核其是否如实引用，其次审核其是否恰当引用，将不如实、不恰当的引文予以删除。第三，建立引文伦理规范制度，并将引文伦理规范制度上升为学术道德规范的组成部分。这样，既消除了作者（引用者）不实的引用，也在一定程度上避免了某些期刊主办单位（学术研究机构）的“暗箱”操作。

## 第三节　引文动机的判定

### 一、研究引文动机的意义

通过对引文动机的概念和引文动机的分类的分析和阐述，我们发现：积极的引文动机产生积极的引文行为，消极的引文动机产生消极的引文行为。积极的引文行为提供了“具有支撑力的证据和被认可的权威”，为作者的论述奠定了坚实的基础；消极的引文行为既没有提供“具有支撑力的证据和被认可的权威”，又干扰了文献计量学的统计与分析，同时也给核心期刊的遴选带来了负面影响。于是我们可以这样认为：“凡是提供了‘具有支撑力的证据和被认可的权威’的引文行为都是由积极的引文动机所产生的，凡是没有提供‘具有支撑力的证据和被认可的权威’的引文行为都是受消极的引文动机的驱使。”

积极的引文行为为文献计量学的统计与分析奠定了坚实的基础，为考察学科的发展、学科与学科之间的交叉与融合以及新兴学科、边缘学科的起源和研究发展方向提供了强劲的技术支撑和理论支撑；与此同时，在积极引文动机的驱使下，国内各大型数据库的数据统计（引用率、影响因子）更具客观性，得出的结论更具科学性，为核心期刊的遴选提供了公正的平台。消极的引文行为，妨碍了文献计量学的统计与分析的科学结论的得出，同时也不利于核心期刊的公正遴选。对学术论著的写作而言，消极的引文行为会阻碍作者（引用者）的创造性思维。因此，我们认为，对引文动机进行深入的研究具有重大的现实意义和学术价值。

## 二、积极引文动机的判断方法

对引文动机的判定，其实质就是对引文行为的分析和判断。对引文行为的分析和判断，就是分析该引文是否为原文提供了“具有支撑力的证据和被认可的权威”，从而判定该引文动机是积极的还是消极的。如果引文反映的信息对原文来说提供了“具有支撑力的证据和被认可的权威”，那就表明该引文行为所体现的引文动机是积极的，如果引文反映的信息对原文来说没有提供“具有支撑力的证据和被认可的权威”，那就表明该引文行为所体现的引文动机是消极的。从方法上讲，分析引文行为是否提供了“具有支撑力的证据和被认可的权威”，大致有以下三种方法。

### （一）分析该引文是否具备“积极引文动机”的几个因素

“积极引文动机”包含以下四个因素：文献真正地被引用；作者（引用者）真的使用被引用文献，且被引用文献提供了有意义的信息；被引用文献的内容与引用文献内容具体相关；所有引用的价值相等。前三个因素是判断积极引文动机的关键指标。

判断“文献真正地被引用”，主要是看作者（引用者）在文中是否有明显的标识，文末是否有清楚的著录。如果是直接引用，那么引文在文中既有非常明显的标识，又有与文末著录一致的顺序编码；如果是间接引用，虽然引文在文中没有明显的标识，但同样有与文末著录一致的顺序编码。

判断“作者（引用者）真的使用被引用文献，且被引用文献

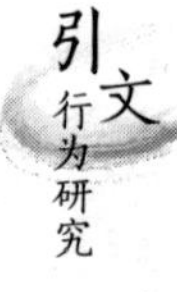


提供了有意义的信息”，主要是看作者（引用者）的引文是否在文中提供了“有意义的信息”。“有意义的信息”为作者（引用者）的进一步论述奠定了基础。

判断“被引用文献的内容与引用文献内容具体相关”，主要是看作者（引用者）的引文提供的“有意义的信息”与作者（引用者）的论述是否相关及其关联程度是否紧密。如果有相关关系，且关联程度紧密，那么我们就可以认定“被引用文献的内容与引用文献的内容具体相关”；如果有相关关系，但关联程度不够紧密，那么我们就可以认定“被引用文献的内容与引用文献内容”相关关系不够紧密（如被引用文献的内容超过引用文献内容，或者是被引用文献内容不足以反映引用文献内容）。如果出现这种情况，既有可能是作者（引用者）没有弄清被引文献的内容，也有可能是作者（引用者）对自己后文的论述出现了偏差。

判断“文献真正地被引用”，编辑一眼就能够看出；但判断“作者（引用者）真的使用被引用文献，且被引用文献提供了有意义的信息”和判断“被引用文献的内容与引用文献内容具体相关”就需要编辑深入文稿，厘清作者（引用者）论述的思路，把握作者（引用者）的论证的逻辑体系，从而判断该引文是否恰当地表达了“有意义的信息”以及“‘有意义的信息’与作者（引用者）的论述有关联且关联程度紧密”。从这个角度看，编辑的发展方向是编辑学者化还是学者化编辑就值得我们深思。

### （二）从语义学的角度进行判断

判定该引文在意思上是否与原文保持语义上的连接与贯通，即是否提供了有价值的信息或意义并与原文所要表达的信息或意义具有相关关系。

语义的连接与贯通主要包括以下三种类型：

第一种类型是语义的承上型连接。作者（引用者）在论述完自己的思想或观点后，紧跟着用引文来对上述思想或观点做总结。

第二种类型是语义的启下型连接。作者（引用者）为了论述的需要，或为了交代论述该问题的缘由，或是为了延伸、拓展自己的相关论述，在论述自己的论点之前，就先引用他人的思想或观点作为论述的引言，便于作者（引用者）展开论述。

第三种类型是语义的承上启下型贯通。作者（引用者）在论述完一部分内容后，引用他人的思想或观点，然后就开始进入下一个问题的论述。“引用他人的思想或观点”中“他人的思想或观点”既是对上一个问题论述的总结，又是作者（引用者）开始下一个问题论述的开始。如果取消“他人的思想或观点”，则出现作者（引用者）下一个问题言出无据、上一个问题与下一个问题衔接不够紧密或论证的逻辑体系不够严密的尴尬境地。

上述三种类型都有可能在学术文稿中出现。一般来说，“语义的承上型连接”常常出现在段落的末尾，“语义的启下型连接”常常出现在段落的开头，“语义的承上启下型贯通”则常常出现在段落的中间。目前在我国的《国家自然科学奖评价指标》中已明确规定在评价学术成果时要分析引用次数，剔除其中的负面引用：“基础研究成果在科学界影响的一个重要指标，是看其论文被他人正面引用的次数，自己引用次数不应计算在内，中性引用和负面引用基本也不入列。真正有价值的是其论文被他人正面引用的情况，引用的次数越多，说明认可程度越高，影响越大。”由于人文社会科学有不同于自然科学研究的特点，其负面引用的判断更为复杂，因此需要同行专家对引文的上下文（语境）进行更为仔细的分析。

### （三）从句群上进行判断

句群也叫句组或语段，它是由几个句子组成的、有明晰的中心意思的语言使用单位。句群常常小于自然段，但也有和自然段重合的，句群大于自然段的情况是很少出现的。说它是语言使用单位，是从语言学的范畴出发的，其划分的依据主要是语义上的向心性，逻辑上的条理性。其目的是研究句群的结构规律及其表达效果。在这里，我们借用句群的相关理论来分析引文与原文的结构关系，从而判定语义的一致性。

我们知道，一篇完整的学术论文是由无数个自然段组成，引文就分布在无数个自然段里（引文有可能出现在自然段的开头，也有可能出现在自然段的结尾，还有可能出现于自然段的中间）。一个完整的自然段又由无数个句子组成。此时的“句子”既可能是作者（引用者）自己论述的语言独立成句，也有可能是作者（引用者）引用他人的语言独立成句，更有可能是作者（引用者）自己论述的语言与“引用他人的语言”组合而成的独立成句。更进一步说，“引用他人的语言”既有可能独立成句而散布在自然段中，也有可能与作者论述的语言组合在一起独立成句。前者我们通常称之为完整引用，后者我们通常称之为非完整引用或部分引用。每一个句子都表达一个相对独立的语义。在语义的关系上，表现出数种形式，主要有并列、顺承、解说、递进、选择、转折、因果、假设、条件、目的等。因此，我们既可以从语义上进行判断，也可以从句群所表现出来的关系和逻辑上的条理性进行判断。

# 第三章 引文作用研究

## 第一节 引文的类型

关于引文的类型，学界比较通行的是三大类型六种引用方式：完整引用与非完整引用，直接引用与间接引用，明引与暗引。本篇为了论述方便，采用了有别于学界通行的分类方法。学术论著所附的引文，大致可以分为四大类。从引文形式上看，有直接引用和间接引用；从引文所表示的意义来看，可分为完整引用和部分引用；从学术论著对文献的注释形式来看，可分为参考文献型引用和注释型引用；从引用主体上看，可分为自引和他引（转引）。

### 一、直接引用与间接引用

直接引用，简称直引，就是直接引用文献资料的相关语句或段落。直引时，所引用的原文的字如果是繁体字、异体字，或者是不符合现在用词习惯的旧的用法，要严格依照原文引用，可在此后加括号一一注明。有的引文中有需要强调的字句，可以把所要强调的字句换成黑体字或在下面加上着重号“.”并注明着重号为作者所加。直引分为行内直引和脱行直引。行内直引又称段内直引，引用的文字紧随作者所写文字之后排列，不断行。脱行直引也就是引文独立成一段，多用于引用诗歌、剧本等。

间接引用，简称意引，是指作者按照学术论著行文的需要运用自己的语言把所需要引用的内容大意表达出来。意引既不是照抄原文，又必须符合原文的大体意思，需要有较强的概括能力。但意引的内容必须要与作者的文章语气、风格保持一致。

由于意引需要作者（引用者）有较强的概括能力以及与其论著的语气、风格保持一致，为减少引用带来的歧义或争端，因此建议作者（引用者）在引用时尽量采用直接引用，避免间接引用。

## 二、完整引用与部分引用

从表意的完整性来看，作者（引用者）在使用引文时有可能出现以下两种情况：作者（引用者）引用“他人的语言”独立成句表达一个完整的意思，作者（引用者）自己论述的语言与“引用他人的语言”组合而成的独立成句表达一个完整的意思。更进一步说，“引用他人的语言”（引文）独立成句并且表达一个完整的意思，“引用他人的语言”（引文）与作者论述的语言组合在一起独立成句表达一个完整的意思，只“引用他人的语言”（引文）无法表达一个完整的意思。前者我们通常称之为完整引用，后者我们通常称之为非完整引用或部分引用。

## 三、参考文献型引用与注释型引用

### （一）“参考文献”与“注释”的内涵

在学术论著的写作过程中，我们必然要提及他人的研究成果，因为从科研的规律来看，任何研究都是在前人研究的基础上进行的。这一提及他人科研成果的过程，就是参考或引用。

《辞海》（1999 年版）的解释是：“参考：参合他事他说而考察之；参酌。”“文献：原指典籍与贤者。后专指有历史价值的图书文物资料。亦指与某一学科有关的重要图书资料。今为记录有知识的一切载体的统称，即用文字、图像、符号、声频、视频等手段以记录人类知识的各种载体（如纸张、胶片、磁带、光盘等）。”至于“参考文献”则没有专门的条目。《文后参考文献著录规则》（GB 7714—2005）提出，文后参考文献指“为撰写或编辑论文和著作而引用的有关文献信息资源”。当然，在这里，“引用”可以是直接引用原文，也有可能是间接引用借鉴、吸收其思想、观点；而“文后”二字，则表明参考文献与正文有明显区别，即是置于正文之后的一类东西。《中国学术期刊（光盘版）检索与评价数据规范》的说法是：“参考文献是作者写作论著时所参考的文献书目。”这里强调“参考”二字，即这些文献资料对作者写作该文起了参酌、参照的作用。《中国高等学校社会科学学报编排规范（修订版）》关于参考文献有这样一段规定：“参考文献的著录应执行 GB 7714—87《文后参考文献著录规则》及《中国学术期刊（光盘版）检索与评价数据规范》规定，采用顺序编码，序号置于方括号内。一种文献在同一文中被反复引用者，用同一序号标识，需表明引文具体出处的，可在序号后加圆括号注明页码或章、节、篇名，采用小于正文的字号编排。”从这段文字可以看出，该规范没有明确论及什么是参考文献，但基本是沿袭前两个规范的做法，并且明确将引文列入参考文献。《中国高等学校自然科学学报编排规范（修订版）》关于参考文献有这么几段话：“为了反映论文的科学依据和作者尊重他人研究成果的严肃态度以及向读者提供有关信息的出处，应在论文的结论（无致谢段时）或致谢段之后列出参考文献表。”“参考文献表中列出的一般应限于作者直接阅读过的、最主要的、发表在正式出版物上的文献。”在这里，不仅指明了列出参考文献的目的，而且就其内容做出了一定的要求。

注释，《辞海》（1999 年版）释义为“注释：亦称‘注解’，指对书籍、文章中的词语、引文出处等所做的说明”。注释作为书籍和论文的附件，最早产生于汉代，曾有传、注、故、训、笺、疏、章句、解诂等名称，后通称为“注”，这是相对于“白文”而言。当时的所谓“白文本”，即指先秦著作不加注释、音训、疏解的纯正文本。我们再看有关规范对“注释”的解释：《中国学术期刊（光盘版）检索与评价数据规范》指出“注释是对论著正文中某一特定内容的进一步解释或补充说明”，《中国高等学校社会科学学报编排规范（修订版）》指出“注释主要用于对文章篇名、作者及文内某一内容做必要的解释和说明”，《中国高等学校自然科学学报编排规范（修订版）》指出“注释题名、作者及某些内容，均可使用注释”。三个规范关于注释的规定基本一致，但在注释的对象问题上略有不同，《中国学术期刊（光盘版）检索与评价数据规范》仅限于正文内容，而其他两个规范扩展到了对题名（或篇名）、作者的解释。

### （二）参考文献与注释的区别

《中国学术期刊（光盘版）检索与评价数据规范》明确从内容、形式、编排位置等方面试图对参考文献与注释做出区分：“参考文献是作者写作论著时所参考的文献书目，一般集中列表于文末；注释是对论著正文中某一特定内容的进一步解释或补充说明，一般排印在该页地脚。参考文献序号用方括号标注，而注释用数字加圆圈标注（如①、②……）。”

这种规定，努力将参考文献与注释区分开来，在实际写作中也具有较强的可操作性。然而在实际操作中常常出现这样两种情况：一是引文一律被当作参考文献处理，二是论文中的注释极少或者说大多没有。由于规定并未精确到位以及根据以往的习惯，学术论文的作者以及期刊编辑在这个问题上存在太多的随意与混乱。我们不妨看几个例子：

《教育研究》（中国期刊方阵双效期刊）2003 年第 1 期：

注释：

①樊浩．教育伦理本性与伦理精神前提［J］.教育研究，2001（1）．

②王小锡．经济伦理与企业发展［M］.南京：南京师范大学出版社，1998：66—71.

……

注①的正文内容为：

“最近，樊浩教授撰文专门探讨了‘教育的伦理本性与伦理精神’问题”，提出了伦理精神是教育共同体的人文本性的核心，教育共同体是一个伦理实体的重要论断。①

可以看出，这里的“注释”，如果按照《中国学术期刊（光盘版）检索与评价数据规范》的规定，分明就是“参考文献”，但又采用了“注释”的外在形式——用数字加圆圈标注。

我们再看《南京师大学报》（社会科学版）（中国期刊方阵双效期刊、中国综合性人文社会科学类核心期刊）2004 年第 6 期中的几例：

及至中世纪，基督教徒也高举自由主义旗帜，宣扬“耶稣就是一个自由探索原则的提倡者，一个创建文明的伟大英雄，正是他使人类从迷信中解放出来”[1]。

在这里，直接引文被处理为参考文献：

参考文献：

［1］弗里德利希·包尔生．伦理体系［M］.北京：中国社会科学出版社，1998.

再看：

> 也正是在这个意义上。黑格尔才说，自由作为一种普通精神，作为现存世界、自我意识以及人之根本意志的根本性规定，就像“重力是物的根本性规定一样”，不仅为自然界所固有，也为人类所固有；而且自由只有作为意志、作为主体才具有现实性。

然而，这里对黑格尔观点的间接引用，既没有标为参考文献，也没有标为注释。

复看：

> 所以在英国尽管也有排除司法审查的规定，但法院总是根据“越权无效”的原则使排除司法审查的法律条款要么完全不发生作用，要么只在一个小范围内发生。①

这里则被处理为注释，排于当页地脚：

> 参见［英］威廉·韦德：《行政法》，中国大百科全书出版社，1997 年版，第 43～52 页。

由上述例子可以看出，不同杂志对参考文献与注释的理解不同。即使同一本杂志，在引用问题（包括直接引文、间接引文和观点的引用等）上，有的处理为参考文献，有的处理为注释，有的则既不作为参考文献，也不作为注释。这一问题的随意与混乱由此可见一斑。

概而言之，关于“参考文献”与“注释”的区分，无论作者写作还是编辑对文章进行编辑处理，经常遇到以下一些问题，例如：引文究竟属于参考文献还是注释？吸收、借鉴，或间接引用他人的观点，应当如何处理？参考文献和注释是否有必要都具体到页码？参考文献与注释在文中的位置如何安排？等等。关于这些问题的处理，关键在于参考文献与注释的内在区分。

### （三）参考文献与注释的内在区分及现实问题的处理

我们认为参考文献是业已产生的一些思想成果，即如《辞海》所说，是“记录有知识的一切载体的统称”，它的功能在于供作者“参考、参酌”，对作者写作该文产生了潜在的影响或启发，是该文得以形成的一些思想来源或依据；而注释则是作者对文章（包括题名、作者、引文、观点等）有关内容所做的说明和解释。前者是他人或自己已经在客观上产生或形成的观点，因此，《中国高等学校自然科学学报编排规范（修订版）》规定为“一般应限于发表在正式出版物上的文献”，以证实其客观存在；后者表达的则是作者本人在写作该篇文章时的想法和意愿，即对有关内容的一些进一步的解释和说明。

因此，参考文献与注释的内在区别应该在于谁包含了更多作者本人的思想、观点、意愿。虽然这种作者本人的思想、观点、意愿的“多与少”不可能精确区分，但明显地，注释中应该包含更多作者本人的思想。也正因如此，所以《中国高等学校社会科学学报编排规范（修订版）》规定：“注释集中排在文末时，参考文献排在文末之后。”注释位置之所以在前，更接近正文，暗含了其中包含更多作者意愿的意思。再看该“规范”对“致谢”的处理，可以得到进一步的佐证：“致谢是作者对认为需要感谢的组织或个人表示谢意的文字，排于注释及参考文献之前，字体应与正文有所区别。”其理由正在于：致谢虽然不属于正文，但它是作者明确意愿的一种表示，所以相对注释而言，致谢应该置于注释之前。这层意思，正如唐孔颖达疏《礼记·曲礼上》时所说：“注者，即解书之名，但释义之人，多称为传。传谓传述为义，或亲承圣旨，或师儒相传，故云传。今谓之注者，谦也，不敢传授，直注己意而已。若然，则传之与注，各出己情。”根据这一条重要的思路，很多问题都迎刃而解。

第一，引文属于参考文献还是注释？引文的目的是论证或说明某一观点，指明引文的出处原属于“注”，最初的“注”即是如此，而且以前的论文与著作也大多如此处理。但是，这种做法并不妥当。因为，引文中所包含的作者本人的思想明显是不多的。直接引文常常是摆出一个观点，以证明或说明作者的某个观点，虽然在引用的过程中隐含了作者的意愿，但终究是不明确的，而且作者之所以采用直接引用这一形式，正是试图显得这一观点并非自己的观点以示科学、客观。间接引文同样如此，尽管作者在引用时对原文做了某些处理，如综述、改变说法等，但观点仍然是他人的，或至少是以前产生了的。因此，将引文以参考文献形式出现，更能显示作者的客观、公正，以及对他人成果的尊重，对历史的尊重。

正因如此，越来越多的规则明确将引文处理为参考文献，这种做法也为越来越多的期刊所采用。而且，下一步也考虑将这一做法引入论著中，以利于研究成果的信息化、处理的规范化。然而，有不同意见者认为，这种做法“实际上是参考文献承担了部分原本属于注释的功能，而淡化了参考文献自身应有的作用”。我们认为，这一做法值得商榷：一是现在的做法确实将以前属于注释的一部分功能——指明引文出处引入了参考文献，但是，这一功能并非原本就属于注释。“注”的最初含义是“述也，解也”（《集韵·遇韵》），即“给书中字句做解释”，传、注、故、训、笺、疏、章句、解诂等名称都是此意。指明引文出处这样的简单工作是不足以称为“注”的。《辞海》（1999 年版）认为注释包括“对书籍、文章中的引文出处所做的说明”并不恰切，或者说，与它自己对“注”与“释”二字的解释不相符。二是这种做法不会“淡化参考文献自身应有的作用”。参考文献就是起一个“参酌、启发”的作用，文中的引文无疑早已发挥了这一作用。至于“未必成为正文中引述的对象，可能仅仅对作者写作该文有某些参考价值，或潜在的影响或启发”的参考文献，可能有，但绝不会多。从各方面考虑，引文还是列入参考文献较为妥当。

第二，吸收、借鉴或间接引用他人的观点，应当如何处理？这一问题，实际上也就是间接引用的问题，正如前文所述，应以参考文献形式标明。一篇论文的写作，必然是建立在无数前人科研成果基础上的。为了表示对前人成果的尊重，凡是文中采用了他人的观点（特别是比较新的观点。当然也不可能是所有的观点，因为有些观点也许早就已经成为公认的观点，根本没有必要标明），即融合在文中提出的，但也应该以参考文献形式注明，现在已经有越来越多的期刊如此处理。

第三，参考文献和注释是否都有必要具体到页码？我们觉得，凡是引文类（不管是直接引文还是间接引文）的参考文献应该尽可能具体到页码，这样做有利于真正标明知识产权，有利于减少二手材料，有利于防止抄袭，也有利于读者的进一步了解。然而，文中引用的某些观点可能来自对某一论著的概括，某些论著或观点也许仅仅对作者起了一定的启发作用，这样就没有必要具体到页码。注释一般就不存在指明页码的问题，因为它本来就是作者写作该文时的一些思想、观点的表现，只不过采用了一种比较特殊的形式而已。我们看韦伯的《新教伦理与资本主义精神》，注释在文中不是充当了一个重要的角色思想吗？这种注释又何须指明什么页码呢？

第四，参考文献与注释在文中的位置如何安排？参考文献一般附于文末，注释则不然。注释可以排在页末，即“脚注”；也可以排在文中，即“夹注”；还可以排在文末，即“尾注”。《中国高等学校社会科学学报编排规范（修订版）》即针对不同内容的注释，分别做出规定“篇名、作者注置于当页地脚或文末”。《中国高等学校自然科学学报编排规范（修订版）》对此略有区别“在文章内用括号注释的，尽量不单独列出”；不随文列出的注释，则在需要注释的词、词组或语句的右上角标注符号，“注释内容应置于该页地脚，并用正线与正文隔开”。《中国学术期刊（光盘版）检索与评价数据规范》则规定：参考文献“一般集中列表于文末”，注释“一般排印在该页地脚”。另外，当注释与参考文献同时置于文末时，注释应该放在参考文献的前面。至于注释在文中的具体位置，应具体问题具体分析，因为各种做法原本各有优长。以各种形式的注释为例，“就节省空间而言，文中注相对有利；就阅读本身的视觉快感而言，尾注显得‘目无遮拦’；但就学术论文的阅读和使用本身的效率而言，还是脚注（正文与注释同页）更加‘脚踏实地’，而且读者在阅读正文的同时就可相互参照，一旦稍有问题即无可遁形，有利于促进学术研究本身的严谨性和自律性，也有利于客观公正的学术批评的进一步展开”。所以，更多的人文社会科学报采用的是“注释置于当页页脚，参考文献置于文末”的标注方式。

总之，参考文献与注释是学术论文中的重要组成部分，参考文献是对期刊论文引文进行统计和分析的重要信息源之一，因此，以国际、国家有关标准为依据，并充分考虑了与国内学术期刊研究团体的有关规范化问题的一致性，按照简明、易行、实用，有利于计算机处理和保证数据准确检索与统计的原则对学术论文中参考文献与注释的著录做出明确、清晰的规定并具体实施，确实还是很有实际意义的。

## 四、自引和他引（转引）

从引用主题上看，可分为自引和转引。自引是科研人员在某一学科或专业进行连续不断的研究过程中，每当发表新的论文时，要回顾本人以前的论点并提供一些背景资料以避免重复，这样就形成了文献的自引。自引是一种常见的引文形式，与其他引文一样，其被引证为规律对揭示学科之间相互关系是非常有用的。自引分为两大类：一类是引证自己过去所发表的，一类是合著者之间的相互引证。作者在论文中的自引量反映了科学研究的进展水平和动态。从自引出发，可以研究某一研究课题的进展情况，把握学科的发展。此外，自引的类型还包括国家自引、学科自引、期刊自引，等等。作者自引率可以用来说明某学科领域内科研人员队伍的稳定情况，并且也可以说明该学科发展现状及今后的趋势。其值较高，表明科研队伍稳定，学科处在稳定发展阶段；其值较低则说明该领域不断有新人涌现，该学科正处在迅速发展的阶段。

他引（转引）的方式也有三种：一种是作者引用的文献直接来源于原始文献；二是作者引用的文献不是直接来源于原始文献，而是源于引用者的文献或二次文献；三是作者引用的文献来源于原始文献，但没有看过原文，而是从别人的论文所附的参考文献中套录的（这种情况多出现在中文稿件引用的外国文献中）。这三种文献普遍存在于参考文献中。第一种方式能够确定引用内容的正确性，能够保证引文的真实性和可靠性，应大力提倡作者采用这种方式；第二种引用方式属于间接引用，应当避免；第三种方式不能够确定引文内容是否正确，更应该尽量避免。这样能够保证引文的真实性和可靠性。实际上大多数著者均以参考文献的直接出处进行标注，这样符合引文的规范和引用本意。

## 第二节　引文的本质

引文是作者（引用者）要说明自己的作品中哪些观点、资料等来源于他人的文献。引用的目的或动机多种多样。有些引用的主要理由是尊重早先研究的作者，将别人的研究与自己的研究明确区别开来，从而突出别人或作者的研究的原创性；有的则意在提供给读者查找更多有关作者思想的资料及来源何在；有的则试图标明其已经做的研究的工作量，或增强作者研究成果的可信度；有的则仅是解释词义；有的则为了节约正文篇章；等等。虽然上述列举的动机多种多样，但都是属于前面我们所论及的积极的引文行为（引文动机）。可见，引文是科学对话的一种方法，是作者（引用者）引用对自己的研究“有用”的资料，但同时也表明，引文的含义是不简单的，它并不是许多人认为的那样只是“定量”的、“客观”的。首先它是作者（引用者）的“主观”判断，但有多少个作者（引用者）有这样的“主观”判断，其引文的“数据”是“客观”的。它既是定性的，又是定量的。这一观点在几年前就提出过，得到一些学者的关注和引用，但还有许多同行不知晓，在此特别指出，希望引起更多人的注意，其中既包括编辑，也包括作者（引用者），还包括统计、研究引文的相关专家，并由此推广开来，以便准确地理解引文的本质及其评价作用。

一份文献是否被引用，主要依赖于这份文献对作者的研究是否有帮助，“有帮助”在一定程度上说明被引文献的质量。但引用也取决于其他一些因素，诸如引用文献作者的名气和光环，作者与被引用者的相互关系，被引文献的可获得性和引用的方便性，等等。而这些因素几乎与被引论文的质量没有太大或直接关系。

引文是作者（引用者）同行的主观的判断，也就是所谓的“同行评议”，是能够读懂被引文献的本领域同行或相关领域同行对其研究是否“有用”或“有帮助”的判断。因此，引文不仅具有“同行评议”的优势，而且亦有其局限性。其局限性就表现在：有可能出现同行相互吹捧或相互贬低的现象。

那么，引文是否就是一种无理论性、无规则性、无层次性的不能把握的现象呢？由多种因素和动机造成的一些非学术型或实质性引用到底占多大比例呢？有无办法加以控制和改善？这些都是需要从哲学、社会学、心理学、文献学、语言学（语义学）的角度对引文及其作者、期刊和出版社的编辑进行深入探讨的问题。从表面上看，引文是作者群体一种无规则的行为，但实际上它是作者群体接受学术共同体认同的学术理念和规则影响下产生的，可以考察、分析的一种学术交流的现象。一般说来，学术理念、学术规范遵守得越好，引文所表现出来的规则性就越强，这可从中外的引文行为、成熟学科与发展中学科的不同引文质量的分析中得到证明。我们应该善于从表面杂乱无序的引文想象中抽象出引文的本质。

综上所述，学术论著所附的引文，其实质就是学科之间科学对话的一种方式或方法。“学科之间”既包括同一学科之间，也包括不同学科之间，还包括学科与边缘学科之间，更包括传统学科与新兴学科之间。由于学科的跨度性较广，所以这种“科学对话”既有可能是平行的，也有可能是交叉的，还有可能是先平行后交叉，或者先交叉后平行。这种“方式或方法”比较隐性，只有通过对引文进行统计、分析后才能够被人们所认知。正是有了这种“方式或方法”，才使得我们学科发展更加深入、更加精细，各种新兴学科和边缘学科如雨后春笋般涌现。

## 第三节　引文的作用

对引文作用的分析，首先要思考引文存在的价值。引文反映了作者完成学术论著过程中所参考的文献，它既是学术论著的附属部分，又是一篇（部）完整的学术论著不可缺少的组成部分。文末的引文对论著有着强大的支持作用，它不仅体现了科学的继承性，为论著提供理论依据，而且还可避免论著的冗长叙述。它既反映了作者在科研工作中对本学科当前发展的动态把握、前人成果的利用和继承能力，又可使读者拓宽视野，提供有价值的情报信息。引文对读者起导读作用，而读者往往又需要循着引文提供的线索，查阅某一专题的相关资料。同时引文是评价学术期刊的重要依据，也是决定其影响因子的重要因素。为进一步厘清学术论著引文的作用，我们先从学术论著所附的参考文献和注释的作用进行阐述，然后再从文献计量学的角度——引文分析的角度进行阐述，最后总结出学术论著所附的引文最本质的作用。

## 一、参考文献的作用

对于一篇（部）完整的学术论著，参考文献的著录是不可缺少的。在进入我们统计的学术期刊和著作中，学术期刊的每一篇论文在文末都著录有参考文献，最少的有 2 条，最多的达 80 余条。通过对多数论文的深入解读，我们认为，参考文献的作用主要体现在以下五个方面：

（1）著录参考文献可以反映论文作者的科学态度和论文具有真实、广泛的科学依据，也反映出该论文的起点和深度。科学技术以及科学技术研究工作都有继承性，现时的研究都是在过去研究的基础上进行的，今人的研究成果或研究工作一般都是前人研究成果或研究工作的继续和发展；因此，在论文中涉及研究的背景、理由、目的等的阐述，必然要对过去的工作进行评价，著录参考文献标明言之有据，并明确交代出该论文的起点和深度。这在一定程度上为论文审阅者、编者和读者评估论文的价值和水平提供了客观依据。

（2）著录参考文献能方便地把论文作者的成果与前人的成果区别开来。论文报道的研究成果虽然是论文作者自己的，但在阐述和论证过程中免不了要引用前人的成果，包括观点、方法、数据和其他资料，若对引用部分加以标注，则他人的成果将标识得十分清楚。这不仅表明了论文作者对他人劳动成果的尊重，而且也免除了抄袭、剽窃他人成果的嫌疑。

（3）著录参考文献能起索引作用。读者通过著录的参考文献，可方便地检索和查找有关图书资料，以对该论文中的引文有更详尽的了解。

（4）著录参考文献有利于节省论文篇幅。论文中需要表述的某些内容，凡已有文献所在者不必详述，只在相应之处注明见何文献即可。这不仅精炼了语言，节省了篇幅，而且避免了一般性表述和资料堆积，使论文容易达到篇幅短、内容精的要求。

（5）著录参考文献有助于科技情报人员进行情报研究和文献计量学研究。Eugene Garfield 发现，通过引文数据分析（其后发表的论文对该论文的引用情况）可以作为某篇论文的学术影响的判断，被引用次数多的论文，其影响力就越大。通过对引文的分析，可以发现那些研究人员做了哪些后续的研究，还可以分析出这个领域的研究热度等。

## 二、注释的作用

（1）体现作者实事求是、言之有据的科学态度；
（2）体现保护他人著作权的精神；
（3）把作者的成果和前人的成果明确地区分开来；
（4）为读者深入了解相关内容、查找相关资料提供线索；
（5）为文献信息的定量统计提供方便。

## 三、从引文分析的角度探讨引文的作用

国内最早从事引文分析的就是中科院的科学引文数据库。目前万方、知网也都建立了引文数据库。这三个引文数据库都是中文期刊引文数据库。就文献计量学而言，引文分析作为一种学术成果，同时又作为一种方法，有其广泛的应用。广泛应用反过来

又要求引文分析本身不断提高与深化，就应用而言，引文分析应用主要体现在以下四个方面：

第一，通过对引文进行分析，通过文献之间的相互作用来建立科学论文和期刊的学科联系，从而进行科学文献结构和科学结构的研究。

第二，通过文献中引用的事项和时间序列、联系，来解释科学发展的沿革与历史，从中可以透视出某些规律；通过索引与被索引的关系，了解学术问题或者观点的起源、发展和修正以及最新的研究成果。

第三，通过引证次数多少来评价成果和人才。这虽然有失偏颇，但毕竟不失为一种方法。它可以评价科学文献及学术期刊的水平，也可作为科研机构和科研人员业绩评估的参考工具。

第四，通过引用和被引用的习惯与趋势，来研究用户的结构和研究活动特征。

也有其他学者从多个角度将引文的作用归纳为：归誉和起源，提供证据和说明，科研工作的继承和发展，与之商榷，有利于节省论文篇幅，有利于文献计量学的研究。还有部分学者在上述作用的基础上，重点突出了“增强文章的评价功能”。

## 四、引文的本质作用

关于对引文作用的思考，笔者认为应该从两个方面进行：第一，引文作者的思考；第二，文献计量学的思考。这两个方面最能够反映引文的本质作用。

就引文作者而言，其作用主要体现在以下几个方面：证明立论、观点的正确性；提高立论、论点正确性的可信度；阐释立论、论点或延伸相关论点；丰富著述、论文的内涵，扩大外延。

就文献计量学的角度而言，引文的作用体现在以下几个方面：第一，通过索引与被索引的关系，了解学术问题或者观点的起源，以及最新的研究成果。第二，它可以评价科学文献及其学术期刊的水平。第三，作为科研机构或科研人员功绩的评估工具。第四，它可以作为文献检索的一种有效而快捷的工具。

# 第四章　引文伦理研究

## 第一节　伦理及引文伦理

### 一、伦理

在中国伦理史上，“伦”“理”二字开始是作为两个概念使用的。这在公元前 8 世纪前后的《尚书》《诗经》《易经》等著作中已分别出现。“伦”的本意为辈，有类、辈分、顺序、秩序等含义，被引申为不同辈分之间应有的关系。“伦”字从人从仑，仑字有条理、思虑之意，加人字做偏旁，便有人事之理的意义；也是指人与人之间一代一代相传承。“理”则具有治玉、分别、条理、道理、治理等意义。“理”字从玉从里，后来被引申为经过治理使社会生活、人与人之间的关系变得有条理、有秩序。伦理二字合用，最早见于秦汉之际成书的《小戴·礼·乐记》篇：“凡音者，生于人心者也；乐者，通伦理者也。”大约西汉初年，人们开始广泛使用“伦理”一词，以概括人与人之间的道德原则和规范。可见，在中国文字中，伦理的含义是：经过整顿治理，使社会生活和人际关系符合一定的次序和准则。因此，在中国古代，伦理也就是人与人之间的伦理关系，就是人们根据个人与他人、个人与社会所处的客观状况（客观关系）总结制定的一套必须遵守的行为规范。

## 二、引文伦理

随着社会的发展和科学研究的深入，人们对伦理的认知和研究渐趋广泛和精细。过去，人们普遍认为，科学在本质上是进步的，是有益于全人类的，科学技术没有价值偏好，是中性的，因此科技本身与伦理无关。然而，随着科学技术负面影响的逐渐显现，越来越多的人已经认识到科学技术绝非是中性和客观的事物。科学上“能够的”并不是伦理上“应该的”。因此，科技和伦理有着密切的关系。一方面，科技给人类带来的一切危害都不是它本身的过错，科学家的职责就是做好本职工作，科学家的科研精神是“为科学而科学”，科学家研究的成果越多，对社会的贡献越大，但科技研究方法、科技研究活动、科技研究成果以及成果的运用，明显渗透着社会文化和伦理道德的因素。另一方面，科学家是科技研究活动的主体，科学家的伦理观念、科学家的科研行为是影响科学技术活动的动机和目的，同时也是影响科学技术活动的内容和方式。科学家进行科学研究，就要为它的后果承担责任，要敢于把科学研究与社会责任联系起来。科学家的社会责任关系到整个社会的道德取向和道德规范，全社会必须关注科技伦理和科学家群体的社会责任问题，在面对种种新的技术成果的同时，不能忽略其自身涉及的种种现实及潜在的危险，必须正确地利用科技成果为人类造福，维护人类的健康和生命，最大限度地避免由于科技成果的使用不当而给社会带来的负面影响。譬如面对生命伦理问题，科学家的社会责任至少应包含两个方面：一是科学家应对其科学研究本身的行为负责，即在研究中一旦意识到其研究结果会对人类构成威胁或伤害，应当自觉约束乃至终止研究；二是科学家应对其社会行为负责，即把已经认识或预见到的、由研究带来的各种可能后果，负责任地告知公众。

"任何职业活动都必须有自己的伦理。"一般来说，职业伦理越发达，他们的作用越先进，职业群体自身的组织就越稳定、越合理。"倘若没有相应的道德纪律，任何社会活动形式都不会存在。"也正是在这个意义上，爱弥尔·涂尔干强调："所有道德纪律都是为个体制定的规则，个体必须循此而行，不得损害集体利益，只有这样，才不会破坏他本人也参与构成的社会。"在现代社会，科学技术研究已发展为一项专门的职业，因此应有其职业伦理，即科技伦理。

科技伦理是科技人员适应科学技术研究的规律、特点而形成的要求科技人员"应当如何"的自律规范，以及科技共同体、社会、公众认为在科技活动中"应当"如何的观念、制度和舆论的约束。科技伦理是对科技研究活动的道德引导，是调节科技研究工作者、科技共同体与社会之间诸种关系的道德原则、道德规范。科技伦理不仅蕴含一般的伦理价值，而且包容科学技术真价值。如果一个科学家明明知道某项科学发现将会严重危及人类的生存，那么他就不应该把这一发现公布于众。另外，不论科学研究活动还是科研成果的社会运用，都是在社会中进行的，因此，科技共同体和社会（包含政府和行业协会组织）必须规范科技研究活动的过程以及科技成果的运用，必须切实采取措施加强科技发展中的伦理道德约束。同时，科技伦理道德也是整个社会伦理道德的重要组成部分。作为先进文化的重要组成部分，科技伦理道德的发展方向对整个社会伦理道德的建立和完善有着极为重要的意义。

引文伦理，作为科技伦理的一部分，其实质也是科技伦理在科学研究中的具体体现，更是学术道德规范在科学研究中的直接表现。引文伦理是科研人员适应科学研究（学术研究）规律、特点而形成的要求科研人员引用他人研究成果"应当如何引用"的自律规范，以及学术共同体认为在科学研究（学术研究）活动中科研人员引用他人研究成果时“应当如何引用、如何标识及著录”的制度和舆论约束。

## 第二节 引文伦理原则、制度和规范

### 一、引文伦理原则

伦理原则体现了各种共同或不同的价值观念。“伦理原则是处理人与人、人与社会、社会与社会利益关系的指导性原则，是调整人们相互关系的各种道德规范要求的最基本的出发点。它把价值观念付诸人类的意志，从而成为行为所依据的‘通行’（基本）标准。”“准则使我们的生活在精神上变得有意义，而没有这一套准则，就会陷入精神上的无意义的生活。”

引文伦理原则是处理科研工作者个人之间、科研工作者与信息资源平台之间以及各种信息资源平台之间的利益关系的指导性原则，是调整科研工作者与信息资源平台的相互关系的各种道德规范要求的最基本的出发点。引文伦理原则是把引文行为的道德观念、价值观念和科研精神付诸科研工作者的意志（信念），从而成为科研行为（引文行为）通行的最基本的道德标准和价值尺度。

引文伦理的基本原则主要有“占有”原则、无害原则、共享原则、平等原则、如实著录原则。

“‘占有’原则”是指引用他人作品时，必须是在“占有”该作品的基础上进行。引文应以原始文献或第一手资料为主，这是发生引文行为的前提。引文不能道听途说，也不能凭自己的记忆（回忆），而是要直接以原始文献为依据，即“占有”。“占有”他人已发表的作品，引用时无需征得被引用作品的著作权人的同意即可引用。“在结果发表之后，它们可以被任何正当引用该工作的人所使用。”“已出版作品版权拥有者对于已出版作品所拥有的一切权利，未出版发表作品的作者对未出版发表的作品同样拥有。”因此，如“占有”他人没有发表的作品，引用时必须征得被引用作品的著作权人的同意方可引用，且不得损害被引用作品的著作权人发表的权利。我国法律规定的情形为“‘占有’原则”提供了坚强的法律支撑——合理使用。

合理使用是指为了个人学习、研究或者欣赏目的，或是为了教育、科学研究、宗教或慈善事业而使用他人作品的，既不需要征得著作权人同意，也不需要向著作权人支付报酬，但应当尊重作者的人身权利，指明作者姓名、作品名称，并且不得侵犯著作权人享有的其他权利。因此，可以说，合理使用是一种特别的法定许可使用。虽然我国著作权法未规定合理使用的统一标准，但采用列举式对每一种使用方式都做了具体规定。《中华人民共和国著作权法》第二十二条规定：“在下列情况下使用作品，可以不经著作权人许可，不向其支付报酬，但应当指明作者姓名、作品名称，并且不得侵犯著作权人依照本法享有的其他权利：（一）为个人学习、研究或者欣赏，使用他人已经发表的作品；（二）为介绍、评论某一作品或者说明某一问题，在作品中适当引用他人已经发表的作品；（三）为报道时事新闻，在报纸、期刊、广播、电视节目或者新闻纪录影片中引用已经发表的作品；（四）报纸、期刊、广播电台、电视台刊登或者播放其他报纸、期刊、广播电台、电视台已经发表的社论、评论员文章；（五）报纸、期刊、广播电台、电视台刊登或者播放在公众集会上发表的讲话，但作者声明不许刊登、播放的除外；（六）为学校课堂教学或者科学研究，翻译或者少量复制已经发表的作品，供教学或者科研人员使用，但不得出版发行；（七）国家机关为执行公务使用已经发表的作品；（八）图书馆、档案馆、纪念馆、博物馆、美术馆等为陈列或者保存版本的需要，复制本馆收藏的作品；（九）免费表演已经发表的作品；（十）对设置或者陈列在室外公共场所的艺术作品进行临摹、绘画、摄影、录像；（十一）将已经发表的汉族文字作品翻译成少数民族文字在国内出版发行；（十二）将已经发表的作品改成盲文出版。”

“无害原则”是指引用他人的作品，不能违背我国相关法律法规的规定，不能损害被引用作品及作者的著作权及著作邻接权。无害原则应是引文伦理原则的一条金规。金是一种早期的英语习惯用法，意思是“不可估量之价值”。所谓“金规”，本源于《圣经·马太福音》，一般表述为“对待他人如像你愿他人待你一样”。也可表述为“你不愿他人怎样待你，你也不要那样待人”。这是从否定的意义而言的。这条金规与中国古代圣人孔子“己所不欲，勿施于人”的精神是一致的。无论如何，金规作为人类行为的第一原则已被广泛接受。作为引文伦理的最基本原则，无害恰好体现了科研行为——引文行为所表达的普世价值原则。“无害原则”的最高境界是既没有损害被引用作品及作者的著作权及邻接权，又更好地做到了引文的精确、完整、贯通，从而保证科学知识的准确性。

“共享原则”是指每一个人都有权利去引用他人已经发表的作品，也应当履行许可自己已发表的作品被他人引用的义务。“引用与被引都是相互的，不能禁止别人引用自己作品中的思想、观点或方法等。”“研究旨在分享，而非占有。”“只有在研究结果和学术界共同分享之时，研究任务才算完成。”自由和共享，正是引文精神的终极体现，也是引文文化的内在价值。引文伦理的共享原则，是建立在互利互惠原则、知情同意原则以及尊重知识产权原则的基础之上的。因此，坚持共享原则，也应遵循互利互惠原则、知情同意原则以及尊重知识产权原则。与动物不同，人类具有社会属性，人类社会本是或本应相互依存、共同发展。互惠互利体现了双向性特征和平等意识，既强调引文主体的义务，也承诺其相应的权利。引文互惠互利原则表明，任何一个引文行为者既是引文信息资源的使用者和享受者，也应是引文信息资源的生产者和提供者，在权利和责任之间达成某种平衡。知情同意原则本是临床上处理医患关系的基本伦理准则之一，也称知情承诺原则。知情同意原则是指人们在引文信息资源平台中，有权知道谁得到了这些信息资源以及如何使用它们。没有信息权利人的同意，他人无权擅自使用这些信息。知情同意原则由不可分割的两个部分组成，一是知情，二是同意。不知情的同意视为对个体自主权的侵犯。引文伦理的共享原则赋予进入科研行业的人们以道义上的平等权，也有助于保护知识产权，维护社会的创造活力以及促进社会公平、公正。现在，多种信息资源平台以及各种搜索引擎已经淋漓尽致地体现了信息资源共享和“免费原则”。但免费原则具有约定性，使用的是该信息资源平台提供的默认值，如果超出约定范围，这一原则就会受到限制。

“平等原则”是指平等地享有引用与被引用的权利，并且被引文字或片段在引用作品中的地位、作用（价值）是平等的。引文“并不会因为排序的前后而影响价值的降低或增加，更不会因为名人文献与非名人文献而左右引用价值的大小”。科研成果出版发行以后，都进入了信息资源平台库。呈现信息资源平台库的方式有纸质的、电子的、数字的。纸质的信息资源平台、电子的信息资源平台、数字的信息资源平台没有高低贵贱之分，但有获取的难易程度之分和支付进入信息资源平台的价格高低之别，但这并不影响这三种信息资源平台的平等性。这是其一。其二，在同一信息资源平台内部，各个信息资源都是一个独立的个体，不受信息资源生产者的级别、职位的影响。其三，在不同信息资源平台之间，各个信息资源都是平等的，没有高低差别之分，也没有信息生产者的级别、职务之差异。

“如实著录原则”是指对引用的文字或片段，无论字数的多少，都必须进行翔实无差错的著录。“你所引用的参考文献必须正确无误，特别要注意出版日期。”“如果文献引用中的错误代表着我们对所做研究的关心程度，那我们的研究工作可能不够审慎。”“因为提供参考文献清单的目的之一是，使得读者可以获取和使用这些文献，因此，参考文献单中的信息要正确、完整。”“准确无误的参考文献单有助于确立作者作为研究者的信誉。”《高等学校哲学社会科学研究学术规范（试行）》（教育部社会科学委员会 2004 年 6 月 22 日第一次全体会议讨论通过）“学术引文规范”之（七）规定：引文应以原始文献和第一手资料为原则。凡引用他人观点、方案、资料、数据等，无论曾否发表，无论是纸质或电子版，均应详加注释。著录的事项包括作者、篇名、篇名所依存的载体。著录的形式因文献载体的差异略有不同。

## 二、引文伦理制度

制度是约束，是规则，是风向标，也是一种法规。对于科研人员来说，引文伦理制度既是一个指挥棒，也是一道门槛。伦理制度一旦确定下来，人人都得遵守、执行，不能违背。这对科学研究工作者和科学研究事业的发展非常重要。

制度是在一定体制和机制下的比较具体的执行规章和实施办法，有其形成和实施的过程。制度的形成就是根据事业的实践和发展创新的需要来设计的，而制度的实施就是制度的执行，是按照制度实施的内容去完整地执行或创新性地执行。引文伦理制度也一样，一个好的制度形成之后，就应该严格执行或创新性地、灵活地执行。

制度是一系列相互联系的行为规范的集合。T. W. 舒尔茨将制度定义为“行为规则”时，又指出这样的规则“涉及社会、政治及经济行为”。在许多活动领域，人们都可以通过建立制度来约束彼此行为。因此，制度广泛存在于人的各种活动领域。例如，有政治制度、法律制度、经济制度，等等。虽然这些制度本身并不是具体的、直接的道德行为规范，但在设立这些制度时又往往要依据特定的伦理原则、道德要求。伦理原则、道德要求的支配使这些并非直接的道德行为规范的制度指向于特定的伦理目的，并可能产生一定的具有道德意义的结果。

20 世纪是各个学科、各种知识大综合、大融汇的世纪，是各综合性学科、交叉性学科、边缘性学科不断产生的世纪。伦理制度是学科交叉的产物。伦理制度是“制度化的伦理”，即以外在于个体的制度形式存在的伦理要求、道德命令。把相对抽象的伦理要求、道德命令具体化为群体成员所必须遵循的一系列可操作的道德规范和制度而形成的伦理制度，有助于监督人们遵循由伦理制度化所滋生的道德行为准则和规范。引文伦理制度是通过一系列具体的引文制度规范直接制约引用者的引文行为。因此，对于学术道德规范建设来说，引文伦理制度是不可或缺的。

没有引文伦理制度，就无法展示具体的、明确的、系统的学术道德要求，学术道德就会成为抽象的存在，从而丧失其可操作性。作为一种制度，引文伦理制度也像其他制度形式一样，必然有与之相应的诸种制度措施（奖或惩、赞扬或谴责）。这些制度措施，从外部激励引文行为个体做出合乎引文伦理制度的行为，或从外部给予那些违背引文伦理制度的引文行为个体以必要的压力，从而减少这样的行为。对于那些尚不具备足够的学术自觉性的引文行为个体来说，引文伦理制度的约束可以在一定程度上提高引文行为个体的引文自觉性。由于个体总有一个从不自觉的道德到自觉的道德的发展过程，因此，引文伦理制度就成为学术道德发展的起点，是学术道德建设的初始环节。构建引文伦理制度，笔者以为，应当包含以下几个方面：

第一，引文动机是积极的。这是构建引文伦理制度的前提。引文动机是指特定对象为实现某种目标或达到某种目的而引用他人的观点或思想以帮助实现既定目标或达到既定目的的一种内在行为活动和心理活动。积极的引文动机体现了引用文献与被引用文献在学科上的关联，为作者（引用者）所阐述的观点提供了强有力的支撑体系，为编辑在审读稿件过程中提供了佐证材料。与此同时，积极的引文动机也为文献计量学的统计与分析奠定了坚实的基础，为核心期刊的遴选提供了公正的平台。积极的引文动机包括以下几个因素：文献真正的被引用；作者（引用者）真的使用被引用文献，且被引用文献提供了有意义的信息；被引用文献的内容与引用文献内容具体相关；所有引用的价值相等。

第二，引文应以原始文献或第一手资料为依据。这是构建引文伦理制度的基础。引文应以原始文献或第一手资料为主，这是发生引文行为的基础。引文不能道听途说，也不能凭自己的记忆（回忆），而是要直接以原始文献为依据。如果无法获取原始文献，要么放弃该文献的引用，要么以转引文献为依据，但要尽量少用转引文献。

第三，引文的思想、观点应与自述内容的思想观点一致。这是构建引文伦理制度的关键。首先，引文要精确。就是把最精彩、最恰当的引文，用之于引文的最关键之处。如果引用过多，则容易使文章零散、杂沓，影响主体内容的连贯性和完整性，不利于思想淋漓畅快地表达。同时，如果连篇累牍的引用别人的东西，还会引起读者的猜疑和不快情绪。虽然引文是论证的辅助手段，但不管在什么情况下，它都不能完全代替引用者所要表述的思想。一篇好的文章，应尽量多使用自己的语言。其次，引文的语意要完整。引文是摘取别人的观点来证明和解说自己的思想，因此引文必须忠于原文（原意），不管是引用原文还是引用原意，都要做完整的表述。特别是成段地引用原文（原意）时，只有自己真正理解了，完整把握了，才能引用。不能为了“装潢门面”，显示高深而不加咀嚼地摘取只言片语，更不能为了某种目的而断章取义地引用。最后，引文的语意与自述内容的语意要连贯。引文的内容，在文章中做观点使用时，可以不做解释、说明，但作为论据使用时，则必须加以适当的阐释，使其内容与自己表达的思想融会贯通起来，使其语气、格调与前后的文字甚至全文和谐一致。

第四，引文应予以明显的标识和清楚的著录。这是构建引文伦理制度的法律保障。《中华人民共和国著作权法》第二十二条规定，在十二种情况下使用作品，可以不经著作权人许可，不向其支付报酬，但应当指明作者姓名、作品名称，并且不得侵犯著作权人依照本法享有的其他权利。《高等学校哲学社会科学研究学术规范（试行）》之“学术引文规范”之（七）引文应以原始文献和第一手资料为原则。凡引用他人观点、方案、资料、数据等，无论曾否发表，无论是纸质或电子版，均应详加注释。凡转引文献资料，应如实说明。《中国高等学校社会科学学报编排规范（修订版）》对引文的“注释”和“参考文献”均做了严格的规定，并针对不同文献类型的著录格式进行了细致的规定。还有《文后参考文献著录规则》以及《中国学术期刊（光盘版）检索与评价数据规范》等，都对引文的著录进行了较为严谨的规制。这些都是构建引文伦理制度的法律制度保障。

第五，引文应有量和质的规定和控制。这是构建引文伦理制度的外在形式和本质要求。1985 年 1 月中华人民共和国文化部颁发了《图书、期刊版权保护试行条例实施细则》第十五条第一款规定：“适当引用”指作者在一部作品中引用他人作品的片段。引用非诗词类作品不得超过两千五百字或被引用作品的十分之一，如果多次引用同一部长篇非诗词类作品，总字数不得超过一万字；引用诗词类作品不得超过四十行或全诗的四分之一，但古体诗词除外。凡引用一人或多人的作品，所引用的总量不得超过本人创作作品总量的十分之一，但专题评论文章和古体诗词除外。1991年6月实施的《中华人民共和国著作权法》第二十二条第（二）项规定："在作品中适当引用他人发表的作品。"《中华人民共和国著作权法实施细则》第二十七条之规定：著作权法第二十二条第（二）项规定的适当引用他人已经发表的作品，必须具备下列条件："（一）引用的目的仅限于介绍、评论某一作品或者说明某一问题。（二）所引用部分不能构成引用人作品的主要部分或者实质部分。（三）不得损害被引用作品著作权人的利益。"《高等学校哲学社会科学研究学术规范（试行）》第三章"学术引文规范"之（八）规定："学术论著应合理使用引文。"这些对引文的数量和质量的相关规定，为我们制定引文伦理制度之量和质的限定提供了有力支撑。

## 三、引文伦理规范

引文伦理规范是对引文伦理的原则、制度进行高度的总结、提炼，使之具有较强的可操作性和规范性。因此，建立引文伦理规范势在必行。

从学术研究规范的内容上看，学术研究规范主要包括学术引文规范、学术成果规范、学术评价规范、学术批评规范。引文伦理规范是学术引文规范的基础。没有引文伦理规范的指引，学术引文规范将成为一纸空谈。引文伦理规范主要以科研工作者内在的自律和学术共同体、行业协会组织、社会舆论的他律为取向。引文伦理规范直接反映了科研工作者的学术操守和为学之道。引文伦理规范的教育关系到学术人格、学术风气的培育。因此，建立引文伦理规范并开展引文伦理规范的教育，是建设学术引文规范的长效机制。科研工作者不应有任何优越感，而应秉持"谦虚、修身正己、自我约束"的伦理修养，从培养学术诚信做起，从科学研究的每一个环节做起，特别是从科学研究的最基础环节——引文环节做起。

从学术道德规范建设的角度上看，引文伦理规范是学术道德规范的一部分，并且是学术道德规范的出发点和根基。学术道德的建设离不开引文伦理规范的建设。虽然学术道德建设已在征途，如科技部、教育部、中国科学院、中国工程院、中国科学技术协会于 1999 年共同制定了《关于科技工作者行为准则的若干意见》。与此同时，100 多个全国性学会和 200 多家科技期刊代表在北京签署了《全国性学会科技期刊道德公约》。2001 年，中国科学院科学道德建设委员会公布了《中国科学院院士行为自律准则》，要求院士“坚决抵制科技界腐败和违规行为”。2002 年，教育部颁布了《关于加强学术道德建设的若干意见》，并且各高校也纷纷加入了加强学术道德建设的行业。如 2002 年北京大学公布的《北京大学教师学术道德规范》，2004 年清华大学公布的《清华大学关于加强学术道德建设的若干意见》等。但离我们要达到的预期目标还相距甚远，究其原因，主要是引文伦理规范的缺失。

从科学研究工作的社会责任来看，遵守引文伦理规范是科研工作者社会使命的最终落脚点。按照费希特的观点，提高整个人类道德风尚是每一个人的最终目标，也是学者在社会中全部工作的目标。“学者的职责就是永远树立这个最高目标，当他在社会上做一切事情时都首先想到这个目标”，学者“应当成为他的时代道德最好的人，他应当代表他的时代可能达到的道德发展的最高水平”。“如果出类拔萃的人都腐化了，那还能到哪里去寻找道德善良呢?”学术研究事业本身就是追求真善美，唯真理而从，故学者应有“出淤泥而不染”的风骨，率先垂范。作为一个学界中人，只要以学术为业，无论是从事高等教育或是科学研究，都应遵守学术道德，即学术共同体内形成的公认的学术伦理，如充分尊重他人学术成果，通过注释、征引等在有序的继承中加以学术创新。正是由于“科学工作如同其他工作一样，以信誉为基础”，因此，“造假被认为是学术研究中最不可原谅的错误”。身为学者特别是高校和科研院所的研究人员（教师）要为人师表，“传道、授业、解惑”，尤其是不能在著书立说中出现弄虚作假、抄袭剽窃等违反学术道德的问题。

## 第三节　网络新媒体时代的引文伦理

20 世纪 90 年代以来，以数字技术、多媒体技术和网络技术为代表的现代信息技术推动了人类社会从后工业社会向信息社会的迅速转变，微信、微博等个人自媒体愈发活跃，由此引发信息传播在媒介形式、报道方式、受众地位、受众行为、传播效应等多方面产生了一系列深刻的变革，网络的开放性使得文化和价值观各异的人们参与到网络中来，人们获取资料的便捷性迅速提升，同时也带来了网络新媒体时代的引文伦理问题。

一是对个人网上知识产权的挑战。在网络交往活动中，如何合法地保护个人网上知识产权，如何防止个人的知识产权被他人（或组织）作为谋取各种利益的手段，成为网络时代引发的主要的引文伦理问题。网络是一个虚拟的空间，在虚拟与现实之间，一系列其他新的社会问题诸如网络犯罪、网络病毒、网络黑客、垃圾邮件、网络安全、信息垄断、网上知识产权，以及利用信息网络进行恐怖活动和发动信息战争，危害社会公共利益和威胁国家安全等随之产生，这些都引发了网络技术与信息伦理的激烈冲突。这里我们主要谈及网络知识产权。如：个人开设的博客，他人在进行科研活动时引用了“博客”所有人的观点或思想，从而造成该“博客”所有人的成果发表成为多余，这是否侵犯了“博客”所有人的知识产权？

二是以纸质为载体的信息资源与以电子技术为载体的信息资源之间的挑战。以电子技术为载体的信息资源存在以下两种情况：第一，原本是以纸质为载体的信息资源呈现，后因传播的便捷，以电子的方式再次呈现，其传播方式发生明显的升级变化，我们通常称之为“信息资源的二次呈现”；第二，该信息资源仅仅只以电子的方式呈现，没有其他载体的承载形式面向社会传播。如引用文献是属于第一种情况，那么该文献的著录是以纸质为载体的信息资源为依据还是以电子方式呈现的信息资源为依据，这应该引起大家的深思。虽然这两种在内容上并没有什么差异，但厘清这个问题，既能解决以纸质为载体的信息资源的发展瓶颈，又能为以电子技术为载体的信息资源的发展提供新的思路和途径。如引用是属于第二种情况，那么该文献的著录肯定只能以电子信息资源为依据。

网络引文伦理的特征包括引文行为约束的自律性、评判标准的模糊性、引文行为主体的道德自由性、承受对象的全球性。网络引文失范的具体表现有引文过度、抄袭、剽窃、篡改引文数据、侵犯知识产权等。引文伦理制度只是一种软性的社会控制手段，它的实施依赖于人们的自主性和自觉性，因此在针对各类引文失范现象时，引文伦理规范将显得软弱无力。从法律层面来讲，只有进行引文立法，将那些成熟的、共性的伦理规范适时地转化为法律法规，才能构筑网络引文安全的第一道防线。从管理层面来讲，以加强网络信息管理为契机，尝试开展网络引文伦理立法；抑或是制定网络信息引文伦理准则，约束个体使用网络信息的行为；或者是大力发展网络监管与控制技术，从技术角度管控引文失范的局面。从引导、规范引文主体的个人引文行为来讲，加强网络道德教育，使引文行为的个体由“他律”走向“自律”，这些都应是一种不错的选择。

# 第五章　引文规范研究

## 第一节　引文规范

### 一、规范及引文规范

所谓规范，意为标准，既指衡量事物的准则，也可指作为准则的事物，如语言规范。规范化则是指使事物合乎规定的标准。规范与规矩、典的含义接近。规和矩，本来是画圆形和方形的两种工具，后引申为一定的标准行为准则。典也有标准之意。规范与规则、规定的意思大同小异。规则是指大家共同遵守的具体规定，规定则是事先对事物在数量、质量或方式、方法等方面定出要求。规范对于认识事物、评价事物、从事有意义的活动具有重要作用。比如，艺术是“戴着镣铐的舞蹈”，就是说艺术产生于限制，有规矩或规则才有艺术。诗词必须有音律、节奏、平仄等规则，必须有易记、朗朗上口等限制或要求，如此才能产生感人动人美感。体育比赛也是如此，没有规范或规则，体育活动就无法开展。那么规范或规则是如何产生的呢？它不是天生的，而是从实践中产生，并逐渐完善起来的。

规范有法的一些因素，但不完全等同于法，其强制性较法为弱。规范也有道德的成分，或者说包含道德的含义，但其强制性则是道德所没有的。规范与法、道德既有联系，又有区别，它是介于法律与道德之间的概念。

而对引文规范的探讨，大多是建立在编排规范、著录规范、学术规范的基础之上进行的。虽然中国人文社会科学界首次提出“学术规范”一词至今已有30余个春秋，但对“学术规范”的概念、特点及作用的理解仍然存在争议。有的认为，学术规范是整治学风的根本对策；有的认为，学术规范是双刃剑；有的认为，那些学术规范不利于学术创新；也有的认为，整顿学风的关键不在于严格学术规范和反对抄袭剽窃，而在于培养创新精神和兼容并包的精神。有的甚至用足球规则打比喻，认为遵守规则再好，不进球总不行，不时犯规但进球多就是好球员；有的则认为越位进球总不可取，应该在遵守规则基础上多多进球……尽管争议尚存，但“学术规范”这一词组已被学界普遍认同，广泛使用。因此，在学术规范的“规定”中，都或多或少地提及“引文规范”。如《高等学校哲学社会科学研究学术规范（试行）》中“学术引文规范”：“（七）引文应以原始文献和第一手资料为原则。凡引用他人观点、方案、资料、数据等，无论曾否发表，无论是纸质或电子版，均应详加注释。凡转引文献资料，应如实说明。（八）学术论著应合理使用引文。对已有学术成果的介绍、评论、引用和注释，应力求客观、公允、准确。”伪注，伪造、篡改文献和数据等行为，均属学术不端行为。但什么是引文规范，至今没有一个明确的定义。目前学术界对引文规范的探讨，大多是建立在编排规范、著录规范、学术规范、学风建设的基础之上进行的。任何科学研究都是以概念分析作为起点的。美国当代人类学家E. 霍贝尔在论及概念的重要性时写道：一个探索者在任何领域中的工作总是从创造该领域中有用的语言和概念开始的。概念是反映事物本质属性的思维形式。一个概念包含着一定的内涵和外延，也就揭示了它们包含的特定范畴和研究对象。因此，对概念的研究与对问题本身的研究一样，具有同等重要的地位。概念不明确，难免在实践中产生不必要的争论。引文规范是引用者遵循学术共同体（行业协会、组织或学术研究管理机关）根据学术发展规律参与制定的有关各方共同遵守的有利于学术积累和创新的关于文献引用（引证）的各种准则和相关要求，是衡量文献引用（引证）是否规范的标准（准则）。

## 二、引文规范原则

引文规范是文献引证的规范化、标准化的简称，是科学研究日益广泛深入的产物。现在，引文规范已经成为一个学术研究的重要组成部分。但在20世纪70年代，我国的学术研究型文章大多没有引文（引证）。在当时，文献引用（引证）是附着于权威的，是引证者自觉赋予被引证者的一种特权。随着社会的发展和科学研究的深入以及国际交往的日益频繁，引用（引证）的基本规范很快被延伸到学术权威身上。先是延伸到一些为领袖所评价或提及的学者，之后又逐步延伸到其他较少或者没有进入领袖队伍中的著名学者。随着20世纪90年代学术著作和译著出版的增加，文献引用（引证）也发生了一个根本性的变化，引证与权威的关系进一步淡化，而与思想学术交流的联系更紧密了。如今，新闻报业的发展、互联网的发展以及社会科学类型的实证研究增加，都推动了文献引证的变化和发展。

### （一）统一性原则

引文规范的统一性是科学研究的一大特点。统一性原则是指在学术研究中，引用的各种文献都必须进行学术或体例上的规范。在目前，我们的学术研究规范应构建一元两级多层次的引文规范的层级体系。“一元”就是科学研究的总的范式和注释体例，“两级”就是哲学社会科学研究、自然科学研究的范式和注释体例，“多层次”就是在哲学社会科学研究领域和自然科学研究领域，各学科独特的研究范式和注释体例。“一元”是引文规范层级体系的总纲领，是“两级”和“多层次”引文规范的总的指导思想。“两级”和“多层次”引文规范的体例则是“一元”规范的集中反映。因此，统一性原则应当成为引文规范必须遵循的基本准则。

### （二）明确性原则

引文规范是科学研究的基础环节，是每一个科学研究人员必备的基础素质。这既是对前人研究成果的尊重和借鉴，更是自己从事科学研究的立论基石和出发点。因此，对引文规范应有一定的明确性。与此同时，引文规范是学术建设的基础环节，更是遏制学术不端行为的关键措施。

### （三）分层（分类）指导原则

在科学研究中，由于学科属性的不同和科学研究范式的差异，对科学研究中的引文行为进行规范必须采取分层（分类）指导的原则。坚持分层（分类）指导原则，既有利于增强引文规范制度的科学性和合理性，更有利于引文规范制度的实施。

## 三、引文规范的内容要求

引文规范是一个复杂的系统工程。引文规范有狭义和广义之分。狭义的引文规范仅仅是指引用者对引文的标识与著录，即我们常说的“引文著录规范”；广义的引文规范是指主管部门、学术共同体、行业学会组织对科研出版物中引文的相关要求与制度规定，包括引文制度规范、引文标识规范、引文著录规范、引文编排规范。

## （一）引文制度规范

引文制度规范是指学术共同体或行业协会组织制定的对引文行为的相关规定与制度约束。

### 1. 美国引文制度规范

在国外，引文制度规范主要有三点。一是 MLA Style（美国现代语言协会体例）出版的《现代语言学会手册》。二是 APA（美国心理学协会体例）出版的《美国心理学协会出版手册》。该体例除了应用于心理学外，还广泛应用于社会学、教育学等科学领域。三是 Chicago Style（芝加哥体例）出版的《芝加哥手册：作者、编辑、撰稿人必备》和《学期论文、毕业论文与学位论文写作手册》。该体例广泛应用于历史学、地理学和政治学等领域。上述三个制度规范被誉为国际著录规范“三巨头”。

《现代语言学会手册》包含两个部分：《MLA 学术论文写作手册》和《MLA 体例手册和学术出版指南》。前者的适用对象主要是高中生和本科生撰写的学期论文，并不具体针对正式的出版物和更为专业化的学术论文；后者的适用对象主要是研究生和学者撰写的学术论文。该手册系统介绍了现代语言学会为出版学术论著和学术性期刊文章而特别推荐的文体格式，以及引用和注释各种文献资料的具体方法。《MLA 学术论文写作手册》和《MLA 体例手册和学术出版指南》主要应用于人文科学领域，尤其是语言、文学和艺术领域。《MLA 学术论文写作手册》于 1977 年出版了第一版，内容有研究与写作、写作要点、研究报告的版式、编制参考书目、著录文献来源、缩写。另外，该手册还以相当大的篇幅，对于如何引用网上资料和电子作品做了严格的规定。《MLA 体例手册和学术出版指南》于 1985 年出版了第一版，该手册几乎描述了整个出版过程，从稿件的准备，到与出版相关的版权和法律问题，都有详细说明。

《美国心理学协会出版手册》于1928年提出，主要是为那些准备向美国心理学会所属期刊投稿的作者提供的一份明晰的写作指引，作为投稿者准备稿件和期刊编辑审核稿件的依据。其于1929年刊登在美国心理学会出版的 *Psychological Bulletin* 上。1944年美国心理学会的编辑委员将其内容加以扩充，以鼓励年轻的学者从事专业写作，尤其是帮助第一次投稿的作者有效率地准备符合期刊水准的稿件，于1952年正式以 *Publication Manual* 的名称出版。该手册共分七章，其中第三章“编辑格式”对书目的写作与引用有详细的介绍，参考价值较高。该手册在我国台湾地区有较大影响。

《芝加哥手册：作者、编辑、撰稿人必备》于1906年首次出版，主要为从事史学研究的人编写的，是美国研究历史的学者写作时人人必备的案头工具书之一。随着社会的发展和科学研究的深入，《芝加哥手册：作者、编辑、撰稿人必备》不断进行增补和修订，逐渐确立了其在学术论文写作规范方面的权威。美国用英语写作的学者对《芝加哥手册：作者、编辑、撰稿人必备》都很熟悉。迄今为止，《芝加哥手册：作者、编辑、撰稿人必备》已经推出了第15版，篇幅也扩充至1000余页。在该手册中，几乎任何学术写作的问题都有章可循；并且对中文的注释也有专节规范，对中国朝代、人名、地名的拼写，对韦氏注音法和拼音的使用范围和区别都有论述。

在三大著录规范中，《芝加哥手册：作者、编辑、撰稿人必备》权威性最高，应用范围也最广，是美国各出版社和学术杂志对稿件要求的最常用的标准。除了这三大著录规范外，美国一些著名大学都编有论文写作手册，这些手册详细规定了论文的格式、引证文献的方法和参考书目的编制方式，供本校的教师科研人员和在校学生写作时参考。如哈佛大学编制的《哈佛体例：写作、编辑与印刷者的体例手册》、芝加哥大学出版社编制的《芝加哥手册：写作、编辑和出版指南》、《哈佛法律评论》编辑部编制的《文献统一引用体系（蓝皮书）》。更为突出的是许多学科或学科群的学术共同体，也制定了本学科范围内独特的论文写作规范，如美国生物编辑委员会（CBE）编制的《科学论文体例与格式：CBE作者、编者和出版者手册》、美国化学协会（ACS）编制的《ACS体例指南：作者与编者手册》、美国物理学会（AIP）编制的《物理学论文体例手册》、美国医药学会（AMA）编制的《美国医药协会体例手册》、美国人类学协会（AAA）编制的《美国人类学协会写作体例》、美国社会学协会（ASA）编制的《美国社会学协会写作体例指南》，等等。上述提及的论文写作格式在美国学术界都有着很大的影响。

2. 我国引文制度规范

国内引文制度规范有国家标准规范或国家推广标准规范、行业标准规范和高校学报系统标准规范。

1）国家标准规范或国家推广标准规范

一是《文后参考文献著录规则》（GB 7714—2005）。《文后参考文献著录规则》是由中华人民共和国国家质量监督检验检疫局、中国国家标准化管理委员会于2005年3月23日发布，并于2005年10月1日实施，是一项专门供著者和编辑编纂文后参考文献使用的国家标准。该标准在著录项目的设置、著录格式的确定、参考文献的著录以及参考文献表的组织等方面尽可能与国际标准ISO 690：1987《文献工作·文后参考文献·内容形式与结构》和ISO 690－2：1997《信息和文献工作·参考文献·第二部分：电子文献部分》一致，已达到文献信息资源共享的目的。

二是《科学技术报告、学位论文和学术论文的编写格式》（GB 7713—87）。《科学技术报告、学位论文和学术论文的编写格式》是国家标准局1987年5月5日批准，1988年1月1日正式实施。制定本标准的目的是统一科学技术报告、学位论文和学术论文（以下简称报告、论文）的撰写和编辑的格式，便利信息系统的收集、存储、处理、加工、检索、利用、交流、传播；本标准适用于报告、论文的编写，包括形式构成和题录著录，及其撰写、编辑、印刷、出版等；本标准所指报告、论文可以是手稿，包括手抄本和打字本及其复制品；也可以是印刷本，包括发表在期刊或会议录上的论文及其预印本、抽印本和变异本；作为书中一部分或独立成书的专著；缩微复制品和其他形式；本标准全部或部分适用于其他科技文件，如年报、便览、备忘录等，也适用于技术档案。

三是《中国科学院科学技术期刊编排格式规范》（GB/T 3179—92）。中国科学院发布的《中国科学院科学技术期刊编排格式规范》GB/T 3179—92 代替 GB 3179—82 科学技术期刊编排格式。本标准规定了科学技术期刊的编排格式。本标准适用于以刊登学术论文为主的学术性期刊和以刊登科学技术报告及其他科技内容为主的技术性期刊，指导性期刊、科普性期刊和检索性期刊可以参照采用。本标准等效采用国际标准《文献工作——期刊的编排格式》（ISO 8—1977）。

四是《科技期刊编辑规范》。该规范是原机械电子工业部为加强对科学技术期刊的管理，使科技期刊更好地为机械电子工业的科研、生产、教育服务，为机械电子工业科技进步服务，在 1991 年 7 月 15 日颁布的《关于科学技术期刊管理办法》（机电部机电科〔1991〕第 1167 号）的基础上制定的机械电子行业的科技期刊的编辑规范。该规范在一定程度上代表了国家对机械电子行业科技期刊出版物的管理和规范。

五是《期刊编排格式》（GB/T 3179—2009）。该规范是中华人民共和国国家质量监督检验检疫总局、中国国家标准化管理委员会于 2009 年 9 月 30 日发布、2010 年 2 月 1 日实施，用以替代

GB/T3179—1992。该标准规定了期刊的编排格式，适用于各种期刊的编排。

六是《学位论文编写规则》(GB/T 7713.1—2006)。该规范是中华人民共和国国家质量监督检验检疫总局、中国国家标准化管理委员会于2006年12月5日发布、2007年5月1日实施。部分替代GB/T7713—1987。该规范规定了学术论文、学位论文编写规则和科技报告编制规则，适用于印刷型、微缩型、电子版、网络版等形式的学位论文。同一学位论文的不同载体形式，其内容和格式应完全一致。

2) 行业标准规范

一是《中国学术期刊（光盘版）检索与评价数据规范》（简称CAJ-CD规范）。20世纪90年代中期，清华大学成立《中国学术期刊（光盘版）》电子杂志社，并着手建立中国学术期刊网（中国知网的前身）等网络数据库。1999年，国家新闻出版署发布了《关于印发〈中国学术期刊（光盘版）检索与评价数据规范（试行）〉的通知》（新出音〔1997〕17号），印发了由《中国学术期刊（光盘版）》编辑委员会提出的《中国学术期刊（光盘版）检索与评价数据规范》（CAJ-CD B/T 1—1998）。当时大约有3500种学术期刊采用了该编排格式。至2005年，大约有5000余种学术期刊在使用该编排规范。2006年，《中国学术期刊（光盘版）检索与评价数据规范》进行了修订。

二是《林业科技期刊编排规范》。《林业科技期刊编排规范》由中国林学会林业科技期刊分会编制，内容涵盖科技期刊编排各环节。2008年4月，分会组织《林业科学》《林业科学研究》《东北林业大学学报》《南京林业大学学报》《浙江林业科技》《江西林业科技》等期刊编辑部的负责人及业务骨干共同起草。项目组先后召开2次工作会议，多次以电子邮件方式研讨修改。在形成征求意见稿后，于2009年6月，发给14个期刊编辑部征询意见；2010 年初，起草工作完成，送审材料提交国家林业局科技司；2011 年 2 月，通过了由国家林业局科技司组织的专家审定。国家林业局发布公告（〔2012〕5 号）自 2012 年 7 月 1 日起实施。这是我国林业科技期刊的第一个行业性规范。本着集成、细化、专业化、可操作的原则，《林业科技期刊编排规范》在国家相关标准和规范的基础上，结合林业学科特点编制而成。该规范的实施对加强我国林业科技期刊的管理，推进期刊编排格式标准化、规范化有重要意义。

三是《农学科技期刊编排规范》。《农学科技期刊编排规范》由中国农学会编制，内容涵盖农学期刊编排各环节。该规范规定了农学会系列期刊的主要编排格式及编辑加工规范。

四是《中华医学会系列期刊编排规范》。2006 年 8 月，中华医学会为了加强对本学会系列期刊的科学管理以及便于编辑和出版工作，推进期刊格式标准化、规范化，并适用网络化、数字化信息交流的需要，根据有关国家标准及国际行业规范，结合本学会系列期刊的实际情况，修订了《中华医学会系列期刊编排规范》。该规范规定了医学会系列期刊的主要编排格式及编辑加工规范，主要适用于学术类、技术类和综合类期刊，其他种类期刊可以参照参用。

五是《中国医药卫生期刊编排规范》。为了加强我国医药卫生期刊的科学管理，推进期刊编排格式化、规范化，便利编辑和出版工作，并适应网络化、数字化信息交流的需要，根据有关国家标准及国际行业规范，结合医药卫生特点而制定该规范。该规范规定了我国医药卫生期刊的编排格式，主要适用于学术类和技术类期刊，其他类型期刊可以参照使用。该规范于 2011 年 4 月发布。

3）高校学报系统标准规范

一是社会科学学报编排规范。20 世纪 90 年代初期，由全国高校文科学报研究会组织，张积玉、郑松元等先后起草制定了《中国高等学校社会科学学报编排规范》。1999 年 3 月，全国文科学报研究会讨论定稿了由张积玉起草的《中国高等学校社会科学学报编排规范（修订版）》，1999 年 12 月通过教育部社政司专家鉴定会评审，2000 年 1 月 18 日教育部发布了“关于印发《中国高等学校社会科学学报（修订版）》的通知”文件（教社政〔2000〕1 号），要求各高校人文社科学报“参照执行”。

二是自然科学学报编排规范。1993 年 1 月，国家教委印发《中国高等学校自然科学学报编排规范（试行）》（教技司〔1993〕10 号）。该规范试行以来，在高校学报和其他期刊社产生了较好的影响，受到有关部门和出版单位的重视，1997 年被收入到新闻出版署图书管理司和中国标准出版社联合编的《作者编辑常用标准及规范》一书。中国高等学校自然科学学报研究会对《规范》广泛征求了意见，进行了修订，1998 年 2 月 17 日国家教育委员会发布了《关于印发〈中国高等学校自然科学学报编排规范（修订版）〉的通知》文件（教技厅〔1998〕1 号），要求各高校自然科学学报“请结合自己的实际，参照执行”。

三是综合性人文社会科学学术期刊编排规范。2007 年 8 月，在《清华大学学报》（哲学社会科学版）主办的“综合性人文社会科学学术期刊编排规范研讨会”上，15 家高校人文社科学报联合发布了《关于修改编排规范的联合启示》，出台了《综合性人文社会科学学术期刊编排规范》，约定于 2008 年起执行“一刊两制”——“一本期刊中有两种文献引证方式，即页下注释与著者—出版年体例并行”。到 2012 年年底，入选教育部“名刊工程”的绝大多数高校哲学社会科学学报采用了《综合性人文社会科学学术期刊编排规范》。

四是以《中国社会科学》为代表的学术水平、学术层次较高的中国社科学术期刊，基本上各自为政，有着一套自己的参考文

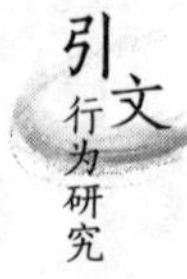

献及注释规则，有的比较详细，有的比较简单。详细的参考文献著录格式有《〈中国社会科学〉关于引文注释的规定》《〈历史研究〉关于引文注释的规定》，简单的参考文献著录格式有《〈文学遗产〉文稿技术规范》。

## （二）引文标识规范

不同文献载体类型具有不同的标识代码。纸质参考文献类型及标识代码如下：

普通图书（含专著、教材）M　会议论文集 C　汇编 G　报纸 N　期刊 J　学位论文 D　报告 R　标准 S　专利 P　档案 B　古籍 O　参考工具书 K　其他未说明文献 Z

电子参考文献类型及标识代码如下：

数据库 DB　计算机程序 CP　电子公告 EB

磁带（magnetic tape）MT　磁盘（disk）DK　光盘（CD-ROM）CD　联机网络（online）OL　联机网上数据库（database online）——DB/OL　磁带图书（database on magnetic tape）——DB/MT　光盘图书（monograph on CD-ROM）——M/CD　磁盘软件（computer program on disk）——CP/DK　网上期刊（serial online）——J/OL　网上电子公告（electronic bulletin board online）——EB/OL

## （三）引文著录规范

引文著录是指将引用的文字或片段真实地在论文中进行标注并在文后参考文献中予以注释。注释的事项因文献载体的差异略有不同。

### 1. 引用纸质文献的著录事项

引用纸质文献，其注释的事项为：

引用的是普通图书（含专著、教材），则注释的事项包括作者、专著名称、出版地、出版社、出版年及版次、文字或片段所在页码。由于出版年跟版次放在一起，易引起人们的误会，也为了更好地与引用的期刊文献有所差异，所以注释的事项没有变化，但在注释的项目先后上有所调整，即作者、专著名称及版次（第一版不注释）、出版地、出版社、出版年、文字或片段所在页码。

引用的是期刊，则注释的事项包括作者、所引文献篇名、期刊名称、出版年及期数、文字或片段所在页码。

引用报纸文章，则注释的事项包括作者、所引文献篇名、报纸名称、出版日期、版次。

引用专利，则注释的事项包括专利作者（专利申请者或所有者）、专利名称、专利国别、专利编号、专利公告（公布）日期。

引用档案，则注释的事项包括档案名称、原件日期、档案收藏地、收藏单位、收藏编号、所引文字或片段所在页码。

引用古籍，则注释的事项包括作者、古籍名称、古籍校（勘、注、批等）刊行年代（古历纪年）、刊物机构（版本）、收藏机构。

引用标准，则注释的事项包括标准名称、标准编号、出版地、出版者、出版年。

引用“其他未说明文献”，注释的事项包括作者、文献名称、出版地、出版社、出版时间。

引用会议论文集，则注释的事项包括所引会议论文作者、篇名、会议论文集编著者、会议论文集名称、出版单位、出版时间、文字或片段所在页码。

引用汇编，则注释的事项包括作者、汇编名称、出版地、出版单位、出版时间、文字片段所在页码。

引用学位论文，则注释的事项包括学位论文作者、学位论文名称、出版地、出版单位、出版时间、文字或片段所在页码。

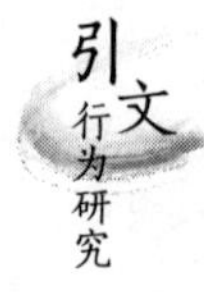

引用报告，则注释的事项包括作者、报告名称、出版地、出版单位、出版时间、文字或片段所在页码。

引用参考工具书，则注释的事项包括作者、工具书名称、出版地、出版时间、文字或片段所在页码。

2. 引用电子文献的著录事项

引用电子文献，其注释事项为：

引用联机网上数据库（database online）——DB/OL，则注释的事项包括作者、篇名、引用日期、访问路径。

引用磁带图书（database on magnetic tape）——DB/MT，如该磁带图书是纸质版的二次呈现，建议按纸质版的注释事项进行注释；如磁带图书有且只有这种出版发行方式，那么其注释的事项包括作者、文献篇名、出版地、出版年、引用日期、访问路径。

引用光盘图书（monograph on CD－ROM）——M/CD，如该光盘图书是纸质版的二次呈现，建议按纸质版的注释事项进行注释；如光盘图书有且只有这种出版发行方式，那么其注释的事项包括作者、文献篇名、出版地、出版年、引用日期、访问路径。

磁盘软件（computer program on disk）——CP/DK，则注释的事项包括作者、篇名、出版者、出版年、引用日期、访问路径。

网上期刊（serial online）——J/OL，如该网上期刊是纸质版的二次呈现，建议按纸质版的注释事项进行注释；网上期刊有且只有这种出版发行方式，那么其注释的事项包括作者、文献篇名、出版地、出版年、引用日期、访问路径。

网上电子公告（electronic bulletin board online）——EB/OL，则注释的事项包括作者、篇名、引用日期、访问路径。

### （四）引文编排规范

引文编排规范是对所引文献的著录事项按照相关规定和要求进行特殊的编辑和技术处理。其实质就是对注释事项的技术处理，主要包括：

一是作者和篇名之间用“.”（下原点）间隔；作者与作者之间用“,”（逗号）间隔。

二是篇名后加“［文献标识代码］”和“.”（下原点）。

三是著作类出版物，出版地与出版社用“:”（冒号）间隔，出版社与出版时间用“,”（逗号）间隔，出版时间与所引用的文字或片段页码用“:”（冒号）间隔，页码后用“.”（下原点）结束。

四是期刊类出版物，期刊名称与期刊出版时间（年）用“,”（逗号）间隔；期刊出版时间（年）与期刊期数用“,”（逗号）间隔，期刊期数用“()”括起；期刊期数与所引文字或片段页码用“:”（冒号）间隔，页码后面用“.”（下原点）结束。

总之，编排规范中要掌握文献标识代码，这是其一。其二，编排规范含三层意思：作者、篇名、篇名所依附的载体。每层意思之内“,”（逗号）间隔，如作者为二人以上时，作者与作者用“,”（逗号）间隔；每层意思结束用“.”（下原点）间隔，如作者注释结束、篇名注释结束、篇名所依附的载体注释结束。其三，在编排规范中，用得最多的符号是“.”（下原点）、“,”（逗号）、“:”（冒号）。理解了“.”（下原点）、“,”（逗号）、“:”（冒号）的基本意思，整个编排规范就迎刃而解了。

## 四、引文规范主体

引文规范是一个系统工程，需要著者和编辑的共同努力才能确保引文的规范化、标准化。以著者为代表的作者是引文规范的主体，是引文规范的关键；以编辑为代表的编辑出版方是引文规范的重要补充，是引文规范的审核者和监督者。

### （一）作者自律

作者要对自己“所引文字或片段”进行清楚的著录，即要给“所引文字或片段”找到一个“回家”的路径，让读者通过你的著录能很快地找到“所引文字或片段”的原始文献。与此同时，编辑也可以根据你提供的路径进行审查核对。这既是对前人研究成果的尊重，更是践行学术研究规范的伦理标准。要做到自律，第一，作者自身要加强引文著录相关知识的学习，认真区分注释及参考文献的区别，掌握参考文献类型及标识代码，知晓文献著录的相关事项。第二，加强编排技术规范的学习。一篇高质量的文稿，不仅仅包括文稿本身具有较高的创新性，即对“所研究的问题”有新的见解，或对“所研究的问题”提供了“新的科技信息，其内容应有所发现、有所发明、有所创造、有所前进，而不是重复、模仿、抄袭前人的工作”，还应当包括文稿本身的编排技术规范。

### （二）编辑他律

审稿，是对准备选用稿件的判断、鉴定和评价工作。审稿，是保证杂志质量、杂志正确导向的关键环节之一。编辑在审核文稿的过程中，既要考究作者“所引文字或片段”的思想与作者要论述的观点是否存在紧密联系，又要审核作者“所引文字或片段”与原始文献是否一致，还要校验作者“所引文字或片段”的著录是否清楚，更要对“所引文字或片段”的著录进行规范化的编排（即编排技术处理）。尽管多数出版方（主要集中在出版社）将编辑、校对、编务的工作职责制定得比较清楚，也明确规定编辑、校对、编务各司其职，各尽其责，但仍有很大的一个群体

（主要集中在行业学会（协会）期刊、高校学报等）是集编辑、校对、编务工作于一身。因此，编辑掌握必要的编排技术规范是出版行业发展的必然趋势。

## 第二节　引文失范

对某一事物开展研究，既可以研究事物本身，又可以研究与该事物处于对立面的事物。引文失范是引文规范的对立面。引文规范是学术规范的一部分。而学术规范是一项系统工程，涉及学术活动的全过程，即涉及研究活动的产生、结果、评价等。引文规范主要涉及研究活动的产生和结果，即是关于文献引用内容、引文标识及著录的规则及要求。引文规范既是引文著录规范的前提和基础，更是学术规范建设、学风建设的必由之路。引文规范是体现对前人研究成果的借鉴和尊重，是研究者坚持实事求是的科研精神的直接反映。如果引文不规范，轻则导致不尊重前人的研究成果或曲解前人的研究成果，同时也给编排规范带来诸多不便，重则导致学术不端行为的发生，使学术不端行为愈演愈烈甚至学风建设成为一纸空谈。因此，为更好地研究引文规范，促进学术规范建设和学风建设，笔者从引文规范的对立面予以探讨。

### 一、引文失范的内涵剖析

对引文失范概念的探讨，目前中国学界还没有一个明确的界定。但从《高等学校哲学社会科学研究学术规范（试行）》中"'学术引文规范'：（七）引文应以原始文献和第一手资料为原则。凡引用他人观点、方案、资料、数据等，无论曾否发表，无论是纸质或电子版，均应详加注释。凡转引文献资料，应如实说明。（八）学术论著应合理使用引文。对已有学术成果的介绍、评论、引用和注释，应力求客观、公允、准确。伪注，伪造、篡改文献和数据等，均属学术不端行为”的规定中解读引文失范，可概括为：一是“引文失真”。引文失真是指引文没有以原始文献和第一手资料为原则，而是来源于间接文献或引用者自己的记忆（回忆），让编辑或读者无从查找和印证。二是“引而不著”。对引用的文字或片段不进行明显的标识和清楚地著录。并且“无论曾否发表，无论是纸质或电子版，均应详加注释”还有值得商榷之处。我国法律明确规定，法律保护合理地引用他人的作品（专指发表作品）的权利，但是，对于没有发表的作品，应首先征得作品所有权人的同意方可引用并予以注释。但引文失范行为却远不止这些。通过十几年的编辑工作实践以及对引文失范的理解，笔者认为，引文失范主要包括以下内容。

### （一）引而不精

“精”即精确，要少而恰当，就是把最精彩、最恰当的引文，用之于引文的最关键处。虽然引文是论证的辅助手段，但不管在什么情况下，它都不能完全代替引用者所要表述的思想。一篇好的文章，应尽量多使用自己的语言。只有在非引用不可、引用了确有效果，或用自己的话解释效果不佳，或那些权威性的言论和令人信服的证据之类不引不足以说清问题，或为了争辩的需要时才采用。

### （二）引而不全

“全”即完整。引文必须忠于原意，不管是引用原文还是引用原意，都要做完整的表述。引文是摘取别人的观点来证明和解说自己的思想。所以，成段地引用原文、原意时，只有自己真正理解了、完整把握了，才能引用。不能为了“装潢门面”，显示高深而不加咀嚼地摘取只言片语，更不能为了某种目的而断章取义地引用。

### （三）引而不通

“通”即通达、贯通。引文的内容，在文章中作为观点使用时，可以不做解释、说明，但作为论据使用时，则必须加以适当的阐释，使其内容与自己要表达的思想融会贯通起来，使其语气、格调与前后的文字甚至全文和谐一致。

### （四）引而不著

“著”即著录。引用的文字或片段，必须清楚地予以著录。著录的事项包括作者、篇名、出版单位、出版时间、文字或片段所在页码。著录不仅在正文文字当中要有明显的标识，而且在文末参考文献中还要完全“显现”。“显现”的事项就包括作者、篇名、出版单位、出版时间、文字或片段所在页码。部分引用者却只引不著，或著而不全。

### （五）多引少著

多引少著包括两种情况：一是引用者连续或间断地多次引用某一个人的研究成果，而在著录时只在某几处予以标识并在文末著录；二是引用者引用多人的研究成果，而在著录时只根据个人的喜好或被引用作品的名气大小予以著录。出现第一种情况是部分引用者担心过多地引用他人作品引起编辑和读者的误解而采取多引少著；出现第二种情况是引用者为了提高自己作品的含金量或影响力而采取多引少著，或只著名人文献而忽视非名人文献。

### （六）引著不矩

“矩”及规矩、规范、标准。引著不矩是指引文、著录不合规范，不合标准。这主要包括以下几种情况：一是引文没有坚持以原始文献和第一手资料为原则，而是过多地引用转引文献，没有对原始文献和第一手资料进行核实。二是引文的著录事项不全，没有按照“相关规定”予以著录。三是著录的标识不准确。这种情况主要出现在引用者没有正确区分文献载体类型，如专著的载体类型是 M，期刊的载体类型是 J，报纸的载体类型是 N，等等。几种文献载体类型相互混淆，这种情况在作者的来稿中常常会出现。四是著录没有相对统一。在一篇来稿中，稿件的著录格式出现几种情况，有的对著录的事项进行了规范的编排，有的又没有进行规范的编排；或者在进行规范编排的文献中，采取了不完全统一的编排规范：如同时对期刊文献引用时，在某一个期刊文献进行了期刊卷数的标识，而对另一个期刊文献则没有进行期刊卷数的标识。

通过对引文失范内涵的剖析，笔者试着给引文失范做如下界定：引文失范指引用者违背学术共同体（行业协会、组织或学术研究管理机关）根据学术发展规律参与制定的有利于学术积累和创新的关于文献引用（引证）的各种准则和相关要求。上述分析的引而不精、引而不全、引而不通是失范于学术积累和创新的准则，是针对引文与原文的语义而言的；引而不著、多引少著、引著不矩是失范于学术积累和创新的相关要求，是针对引文的著录形式而言的。

## 二、引文失范的原因剖析

### （一）引文规范的缺失

引文规范的缺失，并不是指学界现在缺少引文规范的标准，而是特指科学性、权威性的引文规范文本的缺失。目前，关于引文规范的文本，笔者进行了大致的梳理，试举几例予以说明。在引文规范的标准中，既有国家标准或国家推广标准，又有行业

（学会）标准。

1. 国家标准

1987 年，国家标准局批准并发布了由全国文献工作标准化技术委员会提出的《文后参考文献著录规则》（GB 7714—87），这个标准“规定了各类型出版物中的文后参考文献的著录项目、著录顺序、著录用的符号、各个著录项目的著录方法以及参考文献标注法”，“专供著者与编者编纂文后参考文献使用，而不是图书馆员、文献录编纂者以及索引编辑者使用的文献著录规则”。从这个规定可以看出，该标准适用对象是“各类型出版物”，是著者和编者应遵守的规则。但这个规则仅仅是编纂文后参考文献的著录规则，缺乏引文规范的规则。

国家标准局批准发布的由全国文献工作标准化技术委员会提出的国家标准《科学技术报告、学位论文和学术论文的编写格式》（GB 7713—87）也规定文后参考文献表“按照 GB 7714—87《文后参考文献著录规则》的规定执行”。同样也存在这个问题——引文规范规则的缺失。

2005 年，国家质量监督检验检疫总局、国家标准化管理委员会发布了由全国信息与文献标准化技术委员会第六分委员会提出的修订后的国家推广标准《文后参考文献著录规则》（GB/T 7714—2005）。该标准“规定了各个学科、各种类型出版物的文后参考文献的著录项目、著录顺序、著录用的符号、各个著录项目的方法以及参考文献在正文中的标注法”，是“适用于著者和编辑著录的文后参考文献，而不能作为图书馆员、文献目录编制者及索引编辑者使用的文献著录规则”。修订后的国家推广标准《文后参考文献著录规则》在“各种类型出版物”前还增加了“各个学科”，这是其值得肯定的部分，但同样也存在没有对著者的引文规范进行规制的问题。

2. 行业（学会）标准

1990年年初，由全校文科学报研究会组织，张积玉、郑松元等先生先后起草制定了《中国高等学校社会科学学报编排规范（试行）》。1999年3月，全国文科学报研究讨论定稿了由张积玉先生起草的《中国高等学校社会科学学报编排规范（修订版）》，1999年12月通过教育部社政司专家鉴定会评审，2000年教育部办公厅发布了“关于印发《中国高等学校社会科学学报编排规范（修订版）》的通知”的文件（教社政〔2000〕1号），要求各高校人文社科学报执行。仔细研读该规范发现，该规范对引文规范的规制也较为模糊。

1990年代中期，清华大学成立《中国学术期刊（光盘版）》电子杂志社，并着手建立中国学术期刊网（即后来中国知网的前身）等网络数据库。1999年，原国家新闻出版总署发布“关于印发《中国学术期刊（光盘版）检索与评价数据规范（试行）》的通知”文件，印发了《中国学术期刊（光盘版）》编辑委员会提出的《中国学术期刊（光盘版）检索与评价数据规范》（CAJ－CD B/T 1—1998，简称CAJ技术规范）。2006年，该规范进行了重新修订（CAJ－CD B/T 1—2006），并在修订说明中指出，“《规范》的推广实验工作得到了广大期刊编辑部的大力支持和合作，并得到了中宣部、新闻出版总署、教育部、科技部等国家主管部门领导的充分肯定，认为《规范》的推广大大提高了我国期刊数字化信息处理、检索、评价和利用的速度，对我国大型集成化学术期刊全文数据库建设产生了重要影响；在促进我国学术期刊规范化水平的同时，也推动了全国文献工作标准化的进步”，使全国执行《规范》的学术期刊已由1999年年初的360种增加到2005年的5013种，占全国学术期刊的大多数。虽然执行该《规范》的期刊数量颇多，但其权威性仍然受到质疑。仔细研读该技术规范，同样也存在对引文规范规制的缺失。

以《中国社会科学》为代表的学术水平、学术层次较高的中国社科学术期刊，基本上各自为政，有着一套自己的参考文献及注释规则，有的比较详细，有的比较简单。详细的参考文献著录格式有《〈中国社会科学〉关于引文注释的规定》《〈历史研究〉关于引文注释的规定》，简单的参考文献著录格式有《〈文学遗产〉文稿技术规范》。2007 年 8 月，在《清华大学学报》（哲学社会科学版）主办的“综合性人文社会科学学术期刊编排规范研讨会”上，15 家高校人文社科学报联合发布了《关于修改编排规范的联合启示》，出台了《综合性人文社会科学学术期刊编排规范》，约定于 2008 年起执行“一刊两制”。以医学期刊编排规范、农学期刊编排规范等为代表的某一类型刊物的引文规范也陆续发布。

上述规范针对的是研究者的著录规范和编辑对期刊（学报）的编排规范，而对研究者的引文规范缺乏规制。并且这些规范让学术研究者多少有些“不愉快”。从事自然科学的研究者还好些，毕竟自然科学的引文著录规范和编排规范起步较早，至今已较为成熟。对从事人文社科的研究者来说，引文著录规范和编排规范则有些“犯困”。主要原因是人文社科的引文规范都各自为政，缺乏一个统一的、有较高权威和法律效力的引文规范的文本，让从事人文社科的研究者有些难以适应。他们唯一可做的就是根据期刊自身的要求来进行引文的著录规范。这样一来，就有同一篇论文有不同的著录格式及著录体例的情况，这的确是学术研究规范的一大笑话。

### （二）科研伦理的缺位

“任何职业活动都必须有自己的伦理”……“一般说来，职业伦理越发达，它们的作用越先进，职业群体自身的组织就越稳定、越合理。倘若没有相应的道德纪律，任何社会活动形式都不会存在。”也正是在这个意义上，爱弥尔·涂尔干强调：“所有道德纪律都是为个体制定的规则，个体必须循此而行，不得损害集体利益，只有这样，才不会破坏他本人也参与构成的社会。”在现代社会，科学研究或曰学术研究已发展为一项专门的职业，因此应有其职业伦理，即科研伦理。科研伦理是科研人员适应科学研究（学术研究）规律、特点而形成的要求科研人员“应当如何”的自律规范，以及公众认为在科研活动中（学术研究）“应当如何”的观念和舆论约束。“从国内学术界的状况来看，与二三十年前相比，我们的学术精神也有所消解”，其实质就是科研道德或科研伦理的缺失。李醒民先生在讨论科学和科学家被异化时警示说：“在不良的社会大环境和失范的学术共同体的小环境的熏染下，学者们也会被世风流俗所裹挟，被污泥浊浪所席卷；学者们也会被市场异化为经济的机器，甚至堕落为经济动物；也会被泡沫的学术异化为学术掮客或科学骗子；或被时尚文化异化为学术的玩偶或文化小丑。”种种丑事的出现虽然与社会大环境有关，但主要是源于科研机构和科研人员的科研伦理规范的缺失。对从事学术研究的研究者来说，他们开展学术研究时都要涉及对前人或他人研究成果的借鉴和利用，这里的借鉴和利用，就是我们通常言及的引用。因此，对从事学术研究的研究者来说，都应该遵循一定的道德或规则的约束，不得损害他人的利益。在当下，国内学术界存在着种种严重的学术失范现象和学术不端行为，其根源就在于学术研究中引文伦理规范的缺失。

### （三）教育的“真空”

在我国高等教育结构层次中，包括两个系列和三个层次。两个系列是指全日制教育和继续教育，三个层次是指高等职业教育、本科生教育、研究生教育。两个系列都是由三个层次的教育所组成。除高等职业教育阶段而外，其他两个层次的教育都存在学生科研素养的培养和训练，而且随着学历的提升，对科研素养的培养和训练、科研能力的要求就越高。然而，在本科生教育、研究生教育阶段，却较少地开展对引文规范的教育和培养。虽然多数高校都制定有论文写作规范或学术研究规范，但真正把论文写作规范或学术研究规范作为一项单独的教学内容并进行施教的院校并不多见，这多少让未来的科研生力军难以很好地做到引文规范。

### （四）引用者自身的缺陷

引用者出现引文失范的行为，与社会成就动机有关。成就动机指个体在完成某种任务时力图取得成功的动机。阿特金森认为，人在竞争时会产生两种心理倾向：追求成就的动机和回避失败的动机。部分科研工作者在引用他人的思想或观点时，过分注重名人文献而轻视非名人文献，甚至不管名人文献的思想或观点与作者要表述的思想或观点是否有关联。

引用者出现引文失范的行为，还与引用者的治学修养有关。如引用马克思主义经典作家的著作，应采用人民出版社最新版本。如《马克思恩格斯选集》《列宁选集》用 1995 年版本，《列宁全集》用 1984 年以后的版本，《毛泽东选集》用 1991 年版本，《邓小平文选》（一、二卷）用 1994 年版，等等。有些学者在引用马克思主义经典作家的著作时，常常忽略了这一点，有的甚至在一篇文章中出现不同版本的情况。

引用者出现引文失范的行为，更与引用者的学术水平有关。这一点主要集中体现在古典文献的引文上。在引用古典文献时，首先，要选择好的版本而不用普及读物和电子版文献。好的版本包括两种：一是学术界公认的好版本，如《四部丛刊》初编、续编、三编（商务印书馆 1926—1935 年影印本，其中多宋、元、明善本）。《四库全书》所用书版本总体上不好，且誊抄有误，校勘不精，除非孤本、善本非用不可，一般应另选好的版本。二是清代学者的精校精刊精注本和现当代学者的高水平校订或校注本，如阮元校刻的《十三经注疏》（中华书局1980年影印本）、《诸子集成》（中华书局1954年版）中多为清人高水平的校订、注释之作（中华书局《新编诸子集成》多为现当代学者的校订、校注之作，已陆续出版）；《中国古代戏曲论著集成》（中国戏剧出版社1959年版）、《乐府诗集》（中华书局1979年版）等。其次，要注意古书的体例。一是互见之例，如《史记》等纪传体史书。如刘邦事迹不但集中载于《史记·高祖本纪》（卷八），也载于《项羽本纪》（卷七）、《吕太后本纪》（卷九）、《留侯世家》（卷五十五）、《郦生陆贾列传》（卷九十七）等，当互参。二是详于前而略于后，如《汉书》记汉武帝立乐府而采歌谣、又造祭祀新歌之事，详于卷二十二《礼乐志》，而略于卷二十五《郊祀志》和卷三十《艺文志》，当综合分析，参互以见其义（《史记·乐书》先已有记载，但稍略）。三是注意文献因性质不同造成所述史料有异，如刘向的《新序》（以之为"谏书"）。四是注意文献来源及其体例，如引用《资治通鉴》，宜对应检核古史、正史、别史等文献的有关记载（包括古注，如《史记》三家注、《后汉书》李贤注、《三国志》裴松之注等所引史料）。

### （五）期刊出版单位的"功利"追逐

引用者出现引文失范的行为，还与期刊编辑部的要求有关。在国内，部分期刊为保住核心期刊名称或为了进入核心期刊阵容，采用"抱团作战"的手段，暗示作者相互引用对方刊发的文章。同时，也有部分期刊不同程度地出现违反引文伦理的行为，过分注重期刊自引。

### （六）对失范的惩处力度弱，机制缺失

引文失范，更进一步，可以说是学术造假，这并不是中国的特有现象。但相比之下，国外对失范者（造假者）的惩处力度非常大，真正起到了震慑作用：科研人员的造假行为一旦被查实，不管其名望有多高、潜力有多大，都会受到严厉惩处，其学术生涯基本终止。反观国内，虽然相关部门多次宣示，对学术不端要零容忍，但通常是雷声比雨点大。尽管主管部门和高校、科研机构都设有“学术道德委员会”“科研诚信办公室”等学术监督机构，但对于学术不端行为往往是“民不告官不究”，没能达到震慑心怀侥幸者的效果。

## 三、引文失范的规制

为进一步促进引文规范化建设，确保和促进学术规范、学风建设顺利实施，必须力戒引文失范现象的发生。

### （一）建立引文伦理规范制度

建立引文伦理规范制度，其目的在于形成既有关于引文伦理的原则性规约，又有根据引文活动的要求将有关规约具体化。建立引文伦理规范制度，一是要确立引文伦理规范的基本原则。确立引文伦理的基本原则，是建立引文伦理规范制度建设的基础。引文伦理规范的基本原则主要有无害原则、共享原则、占有原则、平等原则。二是要建立引文伦理规范的基本制度。引文伦理规范的基本制度是引文活动的具体表现形式。建立引文伦理规范的基本制度，其目的在于明确引用者到底该怎样引用他人的作品并予以清楚地著录。

### （二）加强引文伦理规范制度的教育、学习

加强引文伦理规范制度的教育、学习的目的在于将引文伦理规范制度内化为科研人员的精神品质，将引文意识提高到科学精神的高度，确立引文规范也是学术规范一部分的思想，并形成有利于科研人员坚守引文伦理规范制度的社会氛围，在学术共同体内形成有效的相互监督机制。为加强引文伦理规范制度的教育、学习，笔者建议各高校将论文写作规范或学术研究规范作为一项单独的教学内容并进行施教。

### （三）强化引文知识的宣传普及

每个科研人员都应学会正确引用和标注参考文献；加强文献检索及分析的知识与能力的教育与培养，提高引文的精度和质量；弱化引文的功利目的，还引文以情报源的本来角色。建议学术共同体（行业协会、组织或学术研究管理机关）加强引文知识的宣传普及。

### （四）出版单位的编审人员应将引文也作为审核对象

编审人员不仅要对文稿的正文进行细心审核，还要对文稿的引用部分（含注释及参考文献）进行校验，有的甚至还要去查阅被引用文献，杜绝引文失范行为的发生。

## 第三节　“学术引文规范”评析

《高等学校哲学社会科学研究学术规范（试行）》于 2004 年 6 月 22 日教育部社会科学委员会第一次全体会议讨论通过。该规范在一定程度上填补了我国学术研究制度规范的空白，对于推

动学术创新、崇尚严谨求实的科研风气、坚决贯彻落实哲学社会科学研究繁荣计划具有积极意义。但认真研读“学术引文规范”，的确还有值得商榷之处。

## 一、“学术引文规范”之（七）评析

“学术引文规范”之（七）：引文应以原始文献和第一手资料为原则。凡引用他人观点、方案、资料、数据等，无论曾否发表，无论是纸质或电子版，均应详加注释。凡转引文献资料，应如实说明。

关于文献的引用版本问题。引用文献的版本问题，涉及引用者的学术水平和治学态度，更与引文教育和学科的专业教育密切相关，这些应引起我们的重视。一是经典作家的版本。如引用马克思主义经典作家的著作，应采用人民出版社最新版本。二是古典文献的版本和校注本。在引用古典文献时，首先要选择好的版本而不用普及读物和电子版文献。三是英语文献的中译版本。

“引用他人已发表的观点、方案、资料、数据等，均应详加注释”，大学对这一点应当没有任何异议，但是，“引用他人未发表的观点、方案、资料、数据等”，我们是否应该详加注释？“已出版作品版权拥有者对于已出版作品所拥有的一切权利，未出版发表作品的作者对未出版发表的作品同样拥有”。因此，引用他人未发表的观点、方案、资料、数据等，应先征得被引用人的同意，并且不得损害被引用人发表的权利，方可进行引用并补充说明。

对于“引用版本形式”——“纸质和电子版”问题。如果该文献只有一种出版发行方式，那么就按该种方式进行注释；如果该文献既有纸质版又有电子版，应坚持“出版时间优先”原则，按出版时间优先的出版形式（载体）进行注释，这也与“引文应与原始文献”一致的精神相吻合。

对于“详加注释”的问题。“注释”可采用“‘注释’体例”和“著者-出版年制”。但不论采用何种注释方式，均应进行规范化编排。《中国高等学校社会科学学报编排规范（修订版）》、《中国高等学校自然科学学报编排规范（修订版）》均对文献的规范化编排做出了明晰的规定。因此，对引用文献“详加注释”并进行规范化编排，是切实可行的。

## 二、“学术引文规范”之（八）评析

“学术引文规范”之（八）：学术论著应合理使用引文。对已有学术成果的介绍、评论、引用和注释，应力求客观、公允、准确。伪注、伪造、篡改文献和数据等，均属学术不端行为。

“学术论著应合理使用引文”中“合理使用”的问题。何为“合理”，该规定没有进一步的说明。有学者对“合理使用”做了进一步的解释：所谓“合理使用”既规定了学术论文必须引用他人或前人已发表的成果以说明本论文的研究在何种程度上起到了推进作用，但也不能因为过多的引文而湮没了论文的独特见解。究竟引用多少才算合理使用，没有一个明确的标准，或者说没有一个上限或下限的范围。笔者认为，此处“合理”应重在引文数量（引文的字数或篇幅）上。因为《中华人民共和国著作权法实施细则》第二十七条明确规定：“著作权法第二十二条第（二）项规定的适当引用他人已经发表的作品，须具备以下条件：（一）引用的目的仅限于介绍、评论某一作品或者说明某一问题；（二）所引用部分不能构成引用人作品的主要部分或者实质部分；（三）不得损害被引用作品著作权人的利益。”这是对“合理使用”的质的限定。所以，此处的“合理使用”是指引文的数量。关于引文数量的思考，应从两方面入手：一是引文的条数，二是引文的字数（篇幅）。从社会科学研究来讲，引文条数应该是没有限定的，引用越多说明研究者占有的资料越翔实，但其前提是必须建立在“积极的引文动机”之上；就引文字数（篇幅）而言，应严格控制在本人创作作品的五分之二以下，不再对作品的类型进行细分，也不再有“过度引用”的称谓，从源头上杜绝某些研究人员借“过度引用”之名行抄袭、剽窃之实。以一万字的作品为例，引文条数没有限制，但总的引文字数（篇幅）不能超过四千字。

对文献的引用，必须要保证引文的精确、完整及语义连贯。“精确”是指引文为原文提供了“最具有支撑力的证据和被认可的权威”；“完整”是指“引文必须忠实于原文或原意”；“语义连贯”是指“引文在意思上必须与引用者的自述语言保持语义上的连接与贯通，并注意语气、格调与全文一致，确保上下文的语境同一”。语义的连接与贯通存在三种类型：承上型贯通、启下型贯通、承上启下型贯通。一般来说，语义的承上型贯通常常出现在段落的末尾，语义的启下型贯通常常出现在段落的开头，语义的承上启下型贯通常常出现在段落的中间。因此，我们认为，应增加对引文“合理”的界定以及引文原则的限定。

## 三、“学术引文规范”的修改建议

综上所言，对“学术引文规范”具体修改如下：

“学术引文规范”之（七）：引文应以原始文献和第一手资料为原则。引文版本精准。凡引用他人已发表的观点、方案、资料、数据等，无论是纸质或电子版，均应详加注释并进行规范化编排。凡引用他人未发表的观点、方案、资料、数据等，应先征得被引用人的同意，并且不得损害被引用人发表的权利，方可进行引用并补充说明。凡转引文献资料，应如实说明。

“学术引文规范”之（八）：学术论著应合理使用引文。引文的字数（篇幅）应低于作者自述语言的字数（篇幅）。对已有学术成果的引用，应力求精确、完整及语义连贯。

# 第六章　引文行为的法律属性研究

## 第一节　引文行为的法律依据

### 一、我国对学术论著著作权保护的相关法律法规

我国知识产权保护制度的建立始于清朝末年。虽然北洋政府和国民党政府也都颁布过知识产权法，但由于当时的社会条件所限，这些法律都没有起到应有的作用和社会效应。新中国成立后，国内的知识产权制度的建立经历了一个曲折的过程，在这一进程中，我国也先后加入一些重要的保护知识产权的国际公约。目前，我国已建立了较为完善的知识产权保护制度的法律体系。具体来说，既有宪法和一般性法律，也有行政法规、部门规章以及相关的司法解释，还有国际条约。在这些规定中，与学术论著著作权保护有关（特别是与引用他人文献有直接牵连）的法律、法规有：《中华人民共和国著作权法》《中华人民共和国民法通则》《中华人民共和国刑法》；保护著作权的行政法规、部门规章有：《实施国际著作权条约的规定》（1992 年 9 月 25 日）以及国家版权局颁布的《中华人民共和国著作权法实施条例》（2013 年 3 月 1 日）、《著作权行政处罚实施办法》（1997 年 1 月 28 日）。在司法解释中，有《最高人民法院关于适用〈全国人民代表大会常务委员会关于惩治侵犯著作权的犯罪的决定〉若干问题的解

释》(1995年1月16日)。国际条约有：1980年6月3日缔约的《建立世界知识产权组织公约》、1992年10月15日缔约保护文学和艺术作品的《伯尔尼公约》和1992年10月30日缔约的《世界版权公约》以及《与贸易有关的知识产权协议》。

## 二、我国著作权保护的分类

我国《著作权法》规定了通过行政手段保护著作权的途径，著作权及邻接权受到侵犯的权利人可以请求著作权行政管理机关处理侵权行为，著作权行政管理机关可以依法对侵权人进行行政处罚。行政保护是我国著作权保护中的重要组成部分，也是我国依照TRIPS和相关协议履行入世承诺的重要内容。近十年来，各级著作权行政管理机关查处侵权案件的逐步增加，充分说明了著作权的行政保护是我国著作权保护体系中十分重要的一部分。著作权的行政保护与其他形式的保护相比，不是可有可无而是十分必要的，行政保护与其他保护方式一起共同构成了我国著作权保护的完整体系。

作为法律保护的实现形式，著作权侵权人承担行政责任、民事责任和刑事责任，共同构成完整的责任体系。行政保护在实践中对维护我国著作权的法律环境、促进精神文化事业发展、保障著作权人合法权益发挥了巨大作用。

## 三、我国著作权行政保护的特点

### (一) 著作权行政保护以公共利益为价值目标

行政保护作为行政机关管理社会的一种方式，采取行政的、具有强制力的手段对违反法律法规和侵害社会公共利益的行为加以制止和惩罚，从而达到维护社会秩序、保障合法权利的目的。通过民事诉讼解决的司法保护方式，是以维护当事人权益为核心的救济方式，其出发点在于维护权利人的权益，恢复和补偿权利人因为侵权行为而遭受的损害。二者从后果上看都是维护了权利人的合法权益和社会正当秩序，但是行政保护制度构建的出发点与民事司法保护存在着本质上的区别。行政作为体现国家意志管理社会的活动，其目的是维护社会经济的整体秩序、保护合法的权利人权益和出版发行者正当地开展经营活动的权利，而不是仅仅以权利人的权益作为行政保护与管理的核心。

行政保护的出发点主要是维护社会公共利益，首先，这是行政机关的作用决定的。行政机关的基本作用在于确保社会的正常运转、维护良好的公共秩序、保障人民群众的基本物质文化需要、促进各项事业发展、实现国家的政策目标，因此行政机关在保护著作权的问题上，也必然首先维护著作权体系的整体秩序。即使在以行政手段制止侵权的情况下确实是保护了权利人的权益，但是其采取行政手段的首要目的是为了实现其维护社会经济秩序的任务。其次，由于行政机关一般不能直接干预具体的市场活动，对侵犯著作权案件的查处，不是要干预具体的正常的经济活动，而是为了维护整体社会经济秩序，制止和惩处违反法律的行为。再次，公共利益被侵犯是行政保护的前提。我国《著作权法》第四十七条规定：著作权侵权行为同时损害公共利益的，才能运用行政保护的手段。广义的理解是：侵犯权利人权益一般同时侵犯了法定的保护著作权的社会秩序，这二者在广义的理解中存在着竞合关系。然而本条的规定排除了一般的侵权行为，即说明著作权作为一种民事权利，一般的侵犯著作权行为虽然也是违法并在一定程度上侵害了社会秩序，但不属于这里狭义上的公共利益。法律对侵害公共利益的前提要求反映了著作权保护不是以个体权利人的权益为出发点，而是侧重保护整体的著作权法律制度和社会经济的正当秩序。

民事司法保护的立足点是保障当事人的合法权益。从宏观而言也有维护社会秩序的重大作用，但是具体来看其主要目的是保障公民、法人和其他组织的民事权利。诉讼程序需要当事人的发动，以当事人自身要求实现权利为前提，法院只能按照当事人提出的诉讼事实和主张进行审理，无权变更、撤销当事人的诉讼请求，也不得主动审理超过当事人诉讼请求的部分。可见，民事诉讼当事人之间的纠纷性质是平等主体间的权利争议，而公共秩序的维护不是民事诉讼的首要目的。这是民事司法保护与行政保护的一项重大区别。

### （二）著作权行政保护具有主动性

由行政机关行使《著作权法》《计算机软件保护条例》等法规的相关规定是著作权行政管理部门的法定职责，因此，著作权行政管理部门在发现损害公共利益的著作权侵权行为后应主动地进行查处，并可以对侵权人采取相应的行政强制措施或者给予行政处罚。著作权行政管理部门查处损害公共利益的著作权侵权行为不是被动的、依申请的行政行为。在国家版权局公布的版权行政保护案例中，各级著作权行政管理机关一般是依权利人举报、投诉的线索进行查处。从表面上看，先有权利人或者群众的投诉、举报，著作权行政管理机关后实施查处的行政行为。国家版权局公布的《著作权行政处罚实施办法》第十三条规定：著作权行政管理部门应当在收到所有投诉材料之日起十五日内，决定是否受理并通知投诉人。不予受理的，应当书面告知理由。此规定也看似具有依申请的行政行为的特征，但是权利人的举报并不是要式行为，不构成行政行为的申请。立案只是对举报的事项是否符合法规中关于行政查处范围的一种审查，并不真正意味着这是一种依申请的行政行为。著作权行政管理机关非经投诉举报，发现符合法律规定的侵权著作权违法行为也可以依据其职权主动采取查处的行动。《计算机软件保护条例》第三十条规定“软件著作权行政管理机关可以进行行政处罚”，而行政处罚行为则属于依职权的行政行为。由此可见，对于保护著作权所采取的行政处罚行为，主管机关是可以主动行使的。即使因为权利人或举报人投诉而启动相应的程序，也不影响这些查处是依职权的行政行为的性质，行政机关也仍是这些行为的主体。

### （三）著作权行政保护的方式更有效

著作权行政保护的手段方法不仅制止损害公益的侵权行为继续，而且要在一定程度上进行行政处罚和处理。《著作权法》《计算机软件保护条例》《信息网络传播权保护条例》等法律法规直接对侵权行为做出了行政处罚规定，而且一些与此相关联的行业性管理的行政法规也对侵犯著作权的行为规定了相应的行政处罚措施。民事责任的承担方式主要在于将侵权制止，并给予权利人遭受侵权的补偿。著作权行政保护的目的是维护社会经济秩序，因此不仅要保障权利人的权益，而且所采取的行政措施需要满足恢复社会正常秩序的需要。

在各种解决著作权侵权纠纷的方式当中，行政保护可以视为一种公力救济的手段，其方式不仅是停止侵害、消除影响、赔礼道歉、赔偿损失等民事责任的承担。行政责任在各项行政法规中规定得更加严格，而且吊销许可证等处罚往往是行政责任所特有的，对于维护竞争秩序十分有效。例如：《印刷业管理条例》第三十八条规定：从事出版物印刷经营活动的企业，盗印他人出版物的，由县级以上地方人民政府出版行政管理部门给予警告、没收违法所得的处罚；违法经营额 1 万元以上的，并处违法经营额 5 倍以上 10 倍以下的罚款；情节严重的，责令停业整顿或者由原发证机关吊销许可证。行业性法规中的这类行政处罚措施，通常包括责令停业整顿或者吊销证照、终止行政许可等，其措施是基于维护整个市场秩序而采取的，加大了违法成本，以更有效地遏制著作权侵权发生。

由于著作权保护的作品的特殊性，伴随着当今互联网的普及和信息技术的迅速发展，著作权侵权行为持续一天甚至一小时都可能会对权利人产生巨大的影响。现代网络传播技术加快了信息的传播速度，一台可以提供侵权作品下载的服务器与国际互联网相接，仅用较短的时间就可能将其影响扩大到全球范围。与传统的“盗版”不同，互联网上的著作权侵权行为短时间就能引起权利人巨大的损失，因此用最短的时间制止侵权行为的持续才是最佳的选择。相比之下，行政保护的方式所具有的及时有效的优势在互联网时代更加凸现。在互联网上的侵犯著作权行政案件中，行政机关一般是查证侵权行为属实后，采取责令移除侵权网页、关闭网站、没收服务器等措施制止侵权行为的继续，这对于维护权利人的利益是十分有效的。

### （四）著作权行政保护简便及时

著作权行政管理机关在保护著作权方面具有及时性。首先，行政管理机关的性质决定了其实施行政执法行为必须要及时。其次，行政执法与司法诉讼程序相比，程序简便、费用少，能够及时、有效制止著作权侵权行为，避免侵权损害进一步扩大，因此广大权利人乐于采用。行政程序较司法程序简短，且行政复议或行政诉讼期间具体行政行为不停止执行，行政措施能够迅速实行。相对于具有严格的时间、期间约束的诉讼程序，行政机关在查处案件时可以根据具体情况采取较为灵活的程序。最后，由于行政措施具有强制性、公定力、执行力等特征，行政处罚等具体行政行为一般能够较为快捷地实现，从而使侵犯著作权的行为能够被及时制止，最大限度地保护权利人的合法权益。

全国法院保护知识产权民事案件一审结案率从 2006 年的 78.36％上升到 2007 年的 79.90％。而同期全国著作权行政管理机关查处著作权案件结案率都在90%以上，2003—2006年的结案率分别为97.46%、98%、97.26%、97.96%。根据这组数据的对比可以看出，行政程序比诉讼程序的结案率要高近20%，通过行政保护的方式，能够更加及时地解决著作权侵权纠纷。当然，行政管理机关查处著作权侵权案件主要是制止侵权行为并进行行政处罚。法院诉讼程序则较为复杂，诉讼程序不仅需要经过一审、二审，判决生效后如果不能主动履行判决，还要当事人启动相应的执行程序，总体而言耗时较长。行政处罚一般在决定生效后能够很快地由行政机关执行，即使相对人提起复议、行政诉讼的程序，也不影响已经做出的行政决定的执行。

由于行政机关是主导整个行政程序的主体，而权利人或者其他举报者至多只是作为行政程序的启动者，因此其向行政机关提供的证据要求相对低一些。通常行政机关要求提交权利人的申请、权利证明、被侵权的制品或其他能够证明侵权存在的证据等材料。而行政机关在查处案件过程中，可以继续查清事实、收集侵权的相关证据，以便决定给予相应的行政处罚。权利人或举报人提供能够启动行政程序的证据，与民事诉讼中谁主张谁举证的基本原则相比，举证责任有所减轻，降低了权利人证明的难度。

对于权利人而言，采取行政保护的方法维护自身的权益，只需要发动行政程序即可，而后续的程序由行政机关主导进行。这与通过民事诉讼的司法程序维护自身权益有很大的不同。民事诉讼程序中权利人必须全程主动地参与到诉讼的各个环节中，要通过充分运用诉讼程序、行使各项诉讼权利以达到最大限度地维护自身权利的目的，这是由司法的性质所决定的。原告、被告双方要充分举证，在诉讼中竞争，而法院只是居中裁判。采取行政保护的方式则不同，行政机关作为社会的管理者要充分行使维护社会秩序的职能，在获悉损害公共利益的著作权侵权行为发生时即可依职权行使相应的行政权力。著作权的行政管理机关在接到举报或申请后开展行政执法活动时并不需要权利人全程参与各个行政程序，通常只要求权利人协助行政机关指认、辨别侵权产品。

著作权行政保护的简便，能够使权利人免于诉累，能够使权利人以较低的成本制止侵权行为，同时分流一部分可能进入司法程序的案件，节省了司法资源。通过行政保护的方式，以较低的社会成本，维护了市场经济的正当竞争秩序。

总之，行政保护是我国著作权保护制度中重要的组成部分。侵权的行政责任既是通过行政手段的介入，更有力地维护著作权权利人的权益，同时又是出于维护社会公共利益的需要，对侵权人追究法律责任。行政责任作为法律责任的一种形式，与通过司法诉讼实现的民事责任、刑事责任相比，能够更加有效地制止侵权，令侵权人付出相应的代价。2007 年全国版权行政执法机关行政查处数量共 9816 件。同年，全国地方法院共受理著作权民事一审案件 7263 件。2006 年，全国版权行政执法机关行政查处数量共 10559 件，全国地方法院共受理著作权民事一审案件 5719 件。从这组数字能够看出行政机关处理了更多的著作权案件，也在一定程度上反映了行政保护由于其自身的特点和优势在我国著作权保护制度中所起的重要作用，以及以行政保护的方式维护著作权在现实中运用的广泛性。虽然著作权行政保护具有很多优势，但也有不少地方需要我们进行修改和完善。例如，行政机关能够及时有效地制止侵权行为，但在调处著作权侵权赔偿等方面仍显不足。很多著作权侵权案件在行政机关查处之后，无法通过行政调解或行政裁决等方式使侵权人和权利人达成相应的赔偿数额，最终仍需通过诉讼解决。

综上所述，著作权行政保护的方式，是以维护公共利益和市场经济秩序为核心的，是由行政机关主导的维护著作权法律体系和权利人权利的一种有效手段，能够及时、高效地处理侵权案件、维护著作权市场秩序，对于维护我国著作权法律体系具有十分重要的意义。我国应当继续加强著作权行政保护的制度建设，提升执法能力和水平，在文化市场综合行政执法改革的过程中，不断巩固我国著作权行政保护的优势和特色，进一步完善相关法规和配套制度，通过打击侵权盗版、惩处违法经营行为，使行政保护成为维护社会主义市场经济秩序、保障著作权权利人合法利益的重要手段，从而促进著作权产业的健康发展。

## 四、引用他人研究成果的法律依据

在我国的知识产权保护体系中，法律规定了两种形式的使用情形：其一是法定许可使用，其二是合理使用。

法定许可使用是指法律规定使用他人作品时，不需要征得著作权人的同意，但需要向著作权人支付报酬。我国著作权法规定的法定许可使用的条件有三个：一是被使用的作品必须是已经发表的作品，二是使用者必须向著作权人支付报酬，三是著作权人未做出“不得转载、摘编”或“不得使用”或“不许使用”的声明。我国著作权法规定的法定许可使用主要有以下几种：第一，报刊的法定许可使用；第二，表演的法定许可使用；第三，录音的法定许可使用；第四，广播电台、电视台的法定许可使用。就报刊的法定许可使用而言，《中华人民共和国著作权法》（以下简称《著作权法》）第三十二条第二款规定，作品刊登后，除著作权人声明不得转载、摘编的外，其他报刊可以转载或者作为文摘、资料刊登，但应当按规定向著作权人支付报酬。

合理使用是指为了个人学习、研究或者欣赏目的，或是为了教育、科学研究、宗教或慈善事业而使用他人作品的，既不需要征得著作权人同意，也不需要向著作权人支付报酬，但应当尊重作者的人身权利，指明作者姓名、作品名称，并且不得侵犯著作权人享有的其他权利。因此，合理使用是一种特别的法定许可使用。合理使用的对象只能是他人已经发表的作品，即按著作权法规定的方式公之于众的作品。未发表的作品表明作者尚未行使权利，如果不经作者许可而使用，就会侵犯作者权利。虽然我国著作权法未规定合理使用的统一标准，但采用列举式对每一种使用方式都做了具体规定。

> 《中华人民共和国著作权法》第二十二条：在下列情况下使用作品，可以不经著作权人许可，不向其支付报酬，但应当指明作者姓名、作品名称，并且不得侵犯著作权人依照本法享有的其他权利：（一）为个人学习、研究或者欣赏，使用他人已经发表的作品；（二）为介绍、评论某一作品或者说明某一问题，在作品中适当引用他人已经发表的作品；（三）为报道时事新闻，在报纸、期刊、广播、电视节目或者新闻纪录影片中引用已经发表的作品；（四）报纸、期刊、广播电台、电视台刊登或者播放其他报纸、期刊、广播电台、电视台已经发表的社论、评论员文章；（五）报纸、期刊、广播电台、电视台刊登或者播放在公众集会上发表的讲话，但作者声明不许刊登、播放的除外；（六）为学校课堂教学或者科学研究，翻译或者少量复制已经发表的作品，供教学或者科研人员使用，但不得出版发行；（七）国家机关为执行公务使用已经发表的作品；（八）图书馆、档案馆、纪念馆、博物馆、美术馆等为陈列或者保存版本的需要，复制本馆收藏的作品；（九）免费表演已经发表的作品；（十）对设置或者陈列在室外公共场所的艺术作品进行临摹、绘画、摄影、录像；（十一）将已经发表的汉族文字作品翻译成少数民族文字在国内出版发行；（十二）将已经发表的作品改成盲文出版。

进一步分析之（一）项可知：第一，引用他人的研究成果，其动机仅限于学习、研究和欣赏，不能用来出版、出租、出借和作为其他营业性的使用；第二，引用的主体是个人，而不扩展至第三人或者家庭、单位等；第三，被引用对象的范围是已经发表过的作品。没有发表的作品，诸如会议交流论文，则不在“合理使用”之列。

分析之（二）项可知：第一，引用的目的是介绍、评论某一作品或者是说明某一问题，以此表达自己的思想观点而引用；第二，引用必须“适当”，如果不适当，则就构成了侵权；第三，被引用对象的范围是已经发表的研究成果。如果没有发表，则不在“合理使用”之列。

上述两项情况的“合理使用”都必须说明作者姓名和作品出处；并且“他人已经发表的作品”应是一个广义的概念，既包括公开出版、发行的学术论著，也包括非公开出版、发行的内部资料性刊物和学术论文集，“发表”的媒介既可指纸质，还可以是电子出版物。综合上述两项规定，下列情况的引文行为是在我国著作权法的保护之列：

第一，引文动机是学习、研究和欣赏；第二，引文目的是介绍、评论某一作品或说明某一问题；第三，引用对象仅仅针对个人；第四，被引用对象只能是已经发表的研究成果；第五，引用的比例必须是“适度”；第六，引用者必须指明被引用的研究成果的作者姓名和作品出处。

再看学术论著的引文行为，特别是在《中国高等学校社会科学学报编排规范》实施之后，其引文行为完全满足于上述条件，因此，学术论著的引文行为是有法律依据的，属于“合理使用”之范畴，应当是我国著作权法保护的对象。另外，《高等学校哲学社会科学研究学术规范（试行）》“学术引文规范”之（七）的规定：“引文应以原始文献和第一手资料为原则。凡引用他人观点、方案、资料、数据等，无论曾否发表，无论是纸质或电子版，均应详加注释。凡转引文献资料，应如实说明。”该规定在一定程度上扩大了引文的范围，即没有发表的知识成果，也可供研究、学习、欣赏者引用，但应“详加注释”。所以，但凡学术论著的引文行为，在必须满足“所引用的文献在文章中应有明确的标识和在文章结尾有清楚的著录”这一前提条件之下，所有的引文行为才是有法律依据的，在我国著作权法的保护范围之内。

## 第二节　引文行为的法律缺陷

既然学术论著的引文行为有其法律依据，受到我国著作权法的保护，那么，这种引文是否有量和质的限定呢？

在著作权法颁布实施之前，1985 年 1 月中华人民共和国文化部颁发了《图书、期刊版权保护试行条例实施细则》。该细则第十五条第一款规定：“（一）适当引用指作者在一部作品中引用他人作品的片段。引用非诗词类作品不得超过两千五百字或被引用作品的十分之一，如果多次引用同一部长篇非诗词类作品，总字数不得超过一万字；引用诗词类作品不得超过四十行或全诗的四分之一，但古体诗词除外。凡引用一人或多人的作品，所引用的总量不得超过本人创作作品总量的十分之一，但专题评论文章和古体诗词除外。”这一规定仅体现了对引文数量上的限制，没有进行质的限定。但这一规定也仅适用于著作权法实施以前的对他人作品的引用。

在著作权法颁布实施之后，对引文的量和质又是怎样规定的呢？1991 年 6 月实施的《中华人民共和国著作权法》第二十二条第（二）项规定：“在作品中适当引用他人发表的作品。”《中华人民共和国著作权法实施细则》第二十七条规定：“著作权法第二十二条第（二）项规定的适当引用他人已经发表的作品，必须具备下列条件：（一）引用的目的仅限于介绍、评论某一作品或者说明某一问题。（二）所引用部分不能构成引用人作品的主要部分或者实质部分；（三）不得损害被引用作品著作权人的利益。”

分析上述条文，我们发现：第一，关于量的规定。该法第二十二条第（二）项只规定了“适当引用”。何谓“适当引用”，我国《著作权法》也没有对“适当引用”做硬性规定，甚至与之相关的司法解释也没有进一步的明确。我们甚至可以这样说，《著作权法》对引文数量的限制规定得较为模糊，存在瑕疵。或许正是这一法律漏洞，为学术抄袭、剽窃者提供了可乘之机。第二，关于质的规定，即“所引用部分不能构成引用人作品的主要部分或者实质部分”。也就是说，所有引用他人的研究成果不能成为该论著的主体部分。但是，如何认定“引用部分是否构成引用人作品的主要部分或者实质部分”，以及由谁来认定“引用部分是否构成引用人作品的主要部分或者实质部分”，这些并没有相关的法律、法规进行具体规定。现在通行的做法是由引用人所在单位的学术委员会来认定（网络、报纸报道的此类行为多由引用人所在单位的学术委员会认定的），但侵权已产生，危害、影响已弥漫，这种做法效果甚微。

《高等学校哲学社会科学研究学术规范（试行）》“学术引文规范”之（八）规定：“学术论著应合理使用引文。”但何谓“合理使用”，该规定也没有做进一步的补充和完善。有学者对“合理使用”做了进一步的解释：所谓“合理使用”，既规定了学术论文必须引用前人或他人已发表的成果以说明本论文的研究在何种程度上起到了推进作用，但也不能因为过多的引文而湮没了论者的独特见解。但究竟引用多少才算合理使用，没有一个明确的标准，或者说没有一个上限和下限的范围。

虽然南京大学中国社会科学研究评价中心（CSSCI）在对学术期刊的引文数量进行分析统计时发现，文稿的引文数量均值为

6～8条。因此，他们在对各CSSCI来源期刊的信函中建议刊发稿件的引文数量适宜6～8条，但这一建议只能算是约定俗成，没有法律依据。

综上所言，我国有关学术论著的引文的量和质的规定存在法律漏洞。这一漏洞间接导致了学术不端行为的产生和蔓延，这是其一；其二，出版社或学术期刊编辑部审稿不严，把关不力，忽略了对引文的量和质的审核、审查，导致了学术不端行为的社会传播，助长了学术不端行为愈演愈烈的势头。

## 第三节　完善引文行为的措施

### 一、健全法律法规和部门规章

应尽快完善相关的法律、法规和部门规章，以期明确学术论著的引文之量和质的限定，进一步厘清“合理使用”和抄袭、剽窃的界限。关于量的限定，我国有学者认为：“引用必须适当，不超过被引用作品的十分之一。引用诗词类作品不超过2500字。如多次引用一部长篇作品，非诗词类的，总字数不超过一万；诗词类的，不超过40行，或不超过全诗的四分之一（古诗词除外）。”也有部分学者认为可以借鉴国外一些国家的做法。如阿根廷著作权法规定，自文学艺术或科学作品中，可引用1000字以下，音乐作品则不超过八音节。英国出版协会和著作家协会20世纪50年代达成一般性协议：散文，单一的引文仅限于400单词以内；一系列引文总数限于800单词以内，但各引文不得超过300单词；韵文，单次或重复引用总数限于40行以内，但不得超过一首诗的四分之一。上述两种做法笔者认为均不妥，主要原因在于量和质的限定较为模糊，缺乏可操作性。关于量的限定，

应从两方面思考：第一是引文的条数，第二是具体的引文字数（篇幅）。从社会科学研究来讲，引文条数应该是没有限定的，引用越多说明研究者占有的资料越翔实，但其前提必须建立在“积极的引文动机”之上；就引文字数而言，应严格控制在本人创作作品的五分之二以下，不再对作品的类型进行细分。目前，对作品类型进行细分有两种，一是按照我国新闻出版管理部门的规定，社会科学期刊可以细分为学术理论类、工作指导类、时事政治类、文学艺术类、综合文化类、教育教学类、外语辅导类、信息文摘类；二是按照《中国图书馆分类法》（第四版）的标准分法，社会科学期刊可以包括 11 类，即：A——马克思主义、列宁主义、毛泽东思想、邓小平理论，B——哲学、宗教，C——社会科学总论，D——政治、法律，E——军事，F——经济，G——文化、科学、教育、体育，H——语言、文字，I——文学，J——艺术，K——历史地理。文中所指的作品类型倾向于第一种，也不再有“过度引用”的称谓，从源头上杜绝某些研究人员借“过度引用”之名，行抄袭、剽窃之实。以一万字的作品为例，引文条数没有限制，但总的引文字数（篇幅）不能超过四千字。有多次报道相关类似的情况发生：

2009 年 4 月 10 日，云南中医学院召开新闻发布会，就鉴定结果向媒体通报：李庆生的文章（以下简称李文）与周济分别发表于 1979 年的《试论现代生命科学发展的新特点》及 1985 年的《现代生物科学发展的新特点》之间存在着“过度引用不当”的问题，并给出了此结果的 3 项依据：李文并非原创性论文，实际是一篇引导性综述文章；李文引用周文篇幅过多，引用量过大；李文在参考文献中虽列出了周济于 1985 年在《医学与哲学》上发表的《现代生物科学发展的新特点》，但没有采用引号将引文单独列出，或在引文后直接加脚注，或在正文中加以说明。

2010 年 3 月 10 日出版的国家级核心期刊《文艺研究》刊发

了南京大学中文系教授王彬彬的长篇论文《汪晖〈反抗绝望——鲁迅及其文学世界〉的学风问题》。文章中，清华大学中文系教授、《读书》杂志前主编汪晖写于20多年前的博士论文《反抗绝望》，被指存在多处抄袭。王彬彬称，他通过比对发现，汪晖的抄袭对象至少包括李泽厚的《中国现代思想史论》等5部中外专著，抄袭手法则包括“搅拌式”“组装式”“掩耳盗铃式”“老老实实式”等。王彬彬说，在《反抗绝望》中，抄袭和剽窃的现象“很明显”，也“很严重”。他根据手头的几本书简单比对后发现，汪晖的抄袭对象至少包括以下5部中外专著：李泽厚《中国现代思想史论》（东方出版社1987年版）、李泽厚《中国近代思想史论》（人民出版社1979年版）、[美]勒文森《梁启超与中国近代思想》（四川人民出版社1986年版）、[美]林毓生《中国意识的危机》（贵州人民出版社1988年版）、张汝伦《意义的探索》（辽宁人民出版社1986年版）。

王彬彬将汪晖的抄袭手法归为四类：

一是“搅拌式”：将他人的话与自己的话搅拌在一起，“你中有我，我中有你”；或者将他人论述的次序做些调整，便作为自己的话登场。

二是“组装式”：将别人书中不同场合说的话，组合在一起。一段话中，这几句剽自这一页，另几句抄袭自离得很远的一页，然后作为自己的话示人。

三是“掩耳盗铃式”：将别人的话原原本本地抄下来，或者抄录时稍做文字上的调整，没有冒号、没有引号，但做一个注释，让读者“参见”某某书。

四是“老老实实式”：一字不差地将别人的话抄下来，不搅拌、不组装、不让读者“参见”。王彬彬说：“这是最老实的一种剽袭方式。其他几种方式，一旦被发现，或许还可强作辩解。这第四种方式，可是毫无辩解余地，只得老老实实承认。”

王彬彬说，在具体的抄袭过程中，有时是几种方式结合起来的。

王彬彬从《反抗绝望》中摘取了12段文字，并与上述5部他人著作中的表述一一对照，以证明汪晖如何剽窃前人研究成果。

关于质的限定，应对“所引用部分不能构成引用人作品的主要部分或者实质部分”做进一步的解释，即“是否构成引用人作品的主要部分或者实质部分”由谁来认定。从目前对学术不端行为的查处来看，大多数高校的学术委员会在充当“审判者”的角色，也有少数高校是由其纪委在负责。虽然教育部2009年3月19日发出《关于严肃处理高等学校学术不端行为的通知》，明确高校对本校有关机构或者个人的学术不端行为的查处负有直接责任，应建立健全处理学术不端行为的工作机构。这是我国教育部门首次就处理学术不端行为发出通知。

从法理角度分析，高校的学术委员会来认定学术不端行为缺乏合理的法律依据，由纪委来调查、认定更是无稽之谈。因此，为净化学术研究行为，遏制学术不端行为，成立专门的学术论著侵权认定委员会势在必行。其主要职责是对出版的学术论著是否侵权进行认定，特别是对于当前报道的学术不端行为，诸如认定是合理使用还是抄袭、剽窃。

厘清合理引用与抄袭、剽窃的界限。合理引用是指对他人已发表作品的片段摘引，按《著作权法》实施条例第二十七条规定：合理引用须是：①为了介绍、评论某一作品或说明某一个问题；②所引用部分不能构成自己作品的主要部分或者实质部分；③不能损坏被引用作品的著作权（即所引文章的句、段必须准确无误，忠实于原著，而且要标识引文的出处，包括作者的姓名、出版日期、版本及页码等。否则容易引起误解，甚至引发与原作者的纠纷）。抄袭是以抄录方式将他人作品据为己有，抄袭的对象只能是公开出版发行的著作或论述；剽窃是以多种方式将他人作品据为己有，既可以公开出版发行的论文或著作，也可以是非公开出版发行的知识成果。如将别人讲课记录稿作为自己的论文发表，或将与他人的合作作品作为自己的作品发表。剽窃和抄袭可以是原封不动，也可以是改头换面。参考与剽窃的界定，应从参考目的着眼：第一，收集同类作品，是为了不重复；第二，针对已有成果的不足，加以完善，发展前进；第三，以已有文献为指导，进行开拓。

## 二、完善审稿标准

完善学术论著的审稿标准，实行学术不端行为出版问责制。学术论著既重视原创性，又突出借鉴性、继承性，但借鉴和继承必须在原有的基础上有所创新、有所突破，体现学术观点的纵深性、学科发展的连续性和学科建设的拓展性，这是学术论著得以出版乃至面向社会传播的前提。学术论著的审稿标准包括政治标准、学术标准和规范化标准。学术论著政治标准是指必须坚持四项基本原则，正确处理好政治问题与学术问题的关系；学术标准是指在学术上应具有探索性、开创性，或具有新的深度和洞察力；规范化标准是指引用他人的知识成果是否正确，引文的量和质是否符合法律、法规的规定。学术不端行为包括：抄袭、剽窃、侵吞他人学术成果；篡改他人学术成果；伪造或者篡改数据、文献，捏造事实；伪造注释；未参加创作，在他人学术成果上署名；未经他人许可，不当使用他人署名；其他学术不端行为。出版问责制是指各出版社或期刊编辑部出版发行了学术抄袭、剽窃的论著时应追究责任的一种处罚制度。以学术期刊为例：学术期刊编辑部对其刊发的文稿，往往要经过“一稿三审”，审读的核心是学术观点的原创性或者学术观点的创新性、争鸣性。只有审核通过了，才能够进入出版发行的环节。如某一学术期刊刊发的论文是抄袭或剽窃的，那么就应该追究相关人员的责任。因为正是其审稿不严，把关不实，才造成了抄袭、剽窃的论文得已出版面向社会传播。完善学术论著的审稿标准和出版问责制的建立，有助于从源头上杜绝引文不实行为的发生。

# 第七章　引文差异研究

## 第一节　期刊引文差异

学术论著的写作，都离不开对他人文献的借鉴和引用。这既是科学研究的起点和基础，又是科学研究的继承性和延续性的体现。对他人文献的借鉴和引用在论文中予以明确地标识和著录，是对他人研究成果的尊重和保护，严格体现了研究者严谨的科研精神和良好的学术操守的高尚品质。引文包括注释和参考文献。参考文献分为英文文献和中文文献。英文文献包括直接英文文献和英文文献的中文译本（本篇简称外文中译本）。中文文献包括专著、期刊论文、报纸、论文集、网络、学位论文、其他。其他是指专著、期刊论文、报纸、论文集、网络、学位论文之外的所有载体类型。学术论文以学术期刊出版发表为依据，学术著作以出版社印刷出版为依据。选取学术期刊为研究样本，集中探讨社科学术期刊（含人文社科版、哲学社会科学版、综合性刊物）和自科学术期刊的引文行为及其差异，以期对论文的写作、对他人文献的借鉴和引用以及如何选取引文有所帮助和参考。

### 一、社会科学学术期刊引文行为样本的数据统计与分析

(1)《武汉大学学报》2013 年第 2 期，双月，含中英文目录

及内封 8 个印张 128 页，刊载文稿有栏目划分。具体引文统计见表 7－1。

**表 7－1　《武汉大学学报》2013 年第 2 期引文行为统计表**

| 文章篇目 | 引文条数 | 注释 | 参考文献 | 外文文献 | 直接外文 | 中译外文 | 中文文献 | 专著 | 期刊论文 | 报纸 | 论文集 | 网络 | 学位论文 | 其他 |
|---|---|---|---|---|---|---|---|---|---|---|---|---|---|---|
| 1 | 0 | | | | | | | | | | | | | |
| 2 | 59 | | | | | | | | | | | | | |
| 3 | 41 | | | | | | | | | | | | | |
| 4 | 44 | | | | | | | | | | | | | |
| 5 | 44 | | | | | | | | | | | | | |
| 6 | 47 | | | | | | | | | | | | | |
| 7 | 18 | | | | | | | | | | | | | |
| 8 | 26 | | | | | | | | | | | | | |
| 9 | 81 | | | | | | | | | | | | | |
| 10 | 25 | | | | | | | | | | | | | |
| 11 | 22 | | | | | | | | | | | | | |
| 12 | 63 | | | | | | | | | | | | | |
| 13 | 31 | | | | | | | | | | | | | |
| 14 | 20 | | | | | | | | | | | | | |
| 15 | 21 | | | | | | | | | | | | | |
| 16 | 25 | | | | | | | | | | | | | |
| 合计 | 567 | | | | | | | | | | | | | |
| 均值 | 35 | | | | | | | | | | | | | |

从表中统计可知，该学报当期刊文 16 篇，引文条数 567 条，篇均引文约 35 条（含注释和参考文献）。具体到每篇引文，引文著录事项完整，编排不规范。注释和参考文献没有进行细分；注释和参考文献依先后顺序依次置于当页页脚，每条著录信息有序号编码，每页均以①领起。

（2）《复旦学报》（社会科学版）2013 年第 3 期，双月刊，含中英文目录及内封 11 个印张 176 页，刊载文稿有栏目划分。具体引文统计见表 7－2。

**表 7－2　《复旦学报》2013 年第 3 期引文行为统计表**

| 文章篇目 | 引文条数 | 注释 | 参考文献 | 外文文献 | 直接外文 | 中译外文 | 中文文献 | 专著 | 期刊论文 | 报纸 | 论文集 | 网络 | 学位论文 | 其他 |
|---|---|---|---|---|---|---|---|---|---|---|---|---|---|---|
| 1 | 19 | | | | | | | | | | | | | |
| 2 | 52 | | | | | | | | | | | | | |
| 3 | 34 | | | | | | | | | | | | | |
| 4 | 21 | | | | | | | | | | | | | |
| 5 | 13 | | | | | | | | | | | | | |
| 6 | 29 | | | | | | | | | | | | | |
| 7 | 16 | | | | | | | | | | | | | |
| 8 | 3 | | | | | | | | | | | | | |
| 9 | 19 | | | | | | | | | | | | | |
| 10 | 40 | | | | | | | | | | | | | |
| 11 | 69 | | | | | | | | | | | | | |
| 12 | 58 | | | | | | | | | | | | | |
| 13 | 52 | | | | | | | | | | | | | |
| 14 | 68 | | | | | | | | | | | | | |
| 15 | 42 | | | | | | | | | | | | | |
| 合计 | 535 | | | | | | | | | | | | | |
| 均值 | 36 | | | | | | | | | | | | | |

从表中统计可知，该学报当期刊文 15 篇，引文条数 535 条，篇均引文约 36 条（含注释和参考文献）。具体到每篇引文，引文著录事项完整，编排不规范。注释和参考文献没有进行细分；注释和参考文献均以脚注方式置于当页页脚，每页均以①领起。

（3）《中国社会科学》（中国社会科学杂志社主办）2014 年

第 9 期，月刊，含中英文目录及内页 13 个印张 208 页，刊载文稿有栏目区分但无栏目具体名称。具体引文统计见表 7−3。

**表 7−3 《中国社会科学》2014 年第 9 期引文行为统计表**

| 文章篇目 | 引文条数 | 注释 | 参考文献 | 外文文献 | 直接外文 | 中译外文 | 中文文献 | 专著 | 期刊论文 | 报纸 | 论文集 | 网络 | 学位论文 | 其他 |
|---|---|---|---|---|---|---|---|---|---|---|---|---|---|---|
| 1 | 37 | | | | | | | | | | | | | |
| 2 | 51 | | | | | | | | | | | | | |
| 3 | 95 | | | | | | | | | | | | | |
| 4 | 41 | | | | | | | | | | | | | |
| 5 | 68 | | | | | | | | | | | | | |
| 6 | 79 | | | | | | | | | | | | | |
| 7 | 46 | | | | | | | | | | | | | |
| 8 | 48 | | | | | | | | | | | | | |
| 9 | 41 | | | | | | | | | | | | | |
| 10 | 107 | | | | | | | | | | | | | |
| 11 | 60 | | | | | | | | | | | | | |
| 合计 | 673 | | | | | | | | | | | | | |
| 均值 | 61 | | | | | | | | | | | | | |

从表中统计可知，该期刊当期刊文 11 篇（含 1 篇学术综述），引文条数 673 条，篇均引文约 61 条（含注释和参考文献）。具体到每篇引文，引文著录事项完整，编排不规范。注释和参考文献没有进行细分；注释和参考文献采用顺序编码制置于当页页脚，每页均以①领起。

（4）《中国法学》2014 年第 5 期，双月刊，含内页及目录 19 个印张 304 页，刊载文稿有栏目划分。具体引文统计见表 7−4。

**表 7-4　《中国法学》2014 年第 5 期引文行为统计表**

| 文章篇目 | 引文条数 | 注释 | 参考文献 | 外文文献 | 直接外文 | 中译外文 | 中文文献 | 专著 | 期刊论文 | 报纸 | 论文集 | 网络 | 学位论文 | 其他 |
|---|---|---|---|---|---|---|---|---|---|---|---|---|---|---|
| 1 | 101 | | | | | | | | | | | | | |
| 2 | 43 | | | | | | | | | | | | | |
| 3 | 55 | | | | | | | | | | | | | |
| 4 | 30 | | | | | | | | | | | | | |
| 5 | 61 | | | | | | | | | | | | | |
| 6 | 22 | | | | | | | | | | | | | |
| 7 | 78 | | | | | | | | | | | | | |
| 8 | 46 | | | | | | | | | | | | | |
| 9 | 24 | | | | | | | | | | | | | |
| 10 | 74 | | | | | | | | | | | | | |
| 11 | 63 | | | | | | | | | | | | | |
| 12 | 20 | | | | | | | | | | | | | |
| 13 | 23 | | | | | | | | | | | | | |
| 14 | 12 | | | | | | | | | | | | | |
| 15 | 109 | | | | | | | | | | | | | |
| 16 | 20 | | | | | | | | | | | | | |
| 17 | 20 | | | | | | | | | | | | | |
| 合计 | 801 | | | | | | | | | | | | | |
| 均值 | 47 | | | | | | | | | | | | | |

从表中统计可知，该刊物当期刊文 17 篇，引文条数 801 条，篇均引文约 47 条（含注释和参考文献）。具体到每篇引文，引文著录事项完整，编排不规范。注释和参考文献没有进行细分；注释和参考文献采用顺序编码制置于当页页脚，每页均以①领起。

（5）《中山大学学报》（社会科学版）2013 年第 1 期，双月刊，不含内封及中英文目录 13 个印张 208 页，刊载文稿有栏目划分。具体引文统计见表 7-5。

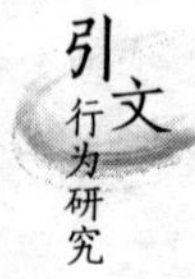


**表 7－5 《中山大学学报》2013 年第 1 期引文行为统计表**

| 文章篇目 | 引文条数 | 注释 | 参考文献 | 外文文献 | 直接外文 | 中译外文 | 中文文献 | 专著 | 期刊论文 | 报纸 | 论文集 | 网络 | 学位论文 | 其他 |
|---|---|---|---|---|---|---|---|---|---|---|---|---|---|---|
| 1 | 57 | 21 | 36 | 36 | 36 | | | | | | | | | |
| 2 | 68 | | | | | | | | | | | | | |
| 3 | 54 | | | | | | | | | | | | | |
| 4 | 22 | | | | | | | | | | | | | |
| 5 | 33 | | | | | | | | | | | | | |
| 6 | 44 | | | | | | | | | | | | | |
| 7 | 26 | | | | | | | | | | | | | |
| 8 | 64 | | | | | | | | | | | | | |
| 9 | 12 | | | | | | | | | | | | | |
| 10 | 20 | | | | | | | | | | | | | |
| 11 | 46 | | | | | | | | | | | | | |
| 12 | 123 | | | | | | | | | | | | | |
| 13 | 66 | | | | | | | | | | | | | |
| 14 | 47 | | | | | | | | | | | | | |
| 15 | 91 | | | | | | | | | | | | | |
| 16 | 38 | | | | | | | | | | | | | |
| 17 | 39 | | | | | | | | | | | | | |
| 18 | 46 | | | | | | | | | | | | | |
| 19 | 15 | | | | | | | | | | | | | |
| 20 | 27 | | | | | | | | | | | | | |
| 21 | 12 | 2 | 10 | 8 | 8 | | 8 | | 2 | | | | | |
| 合计 | 950 | | | | | | | | | | | | | |
| 均值 | 45 | | | | | | | | | | | | | |

从表中统计可知，该学报当期刊文 21 篇，引文条数 950 条，篇均引文条数约 45 条（含注释和参考文献）。具体到每篇引文，引文著录事项完整，但编排较为随意：19 篇文章未对注释和参

考文献进行进一步区分，均采用脚注、以顺序编码制①领起置于当页页脚；2 篇文章对注释和参考文献进行了严格的区分，注释采用脚注、以顺序编码制①领起置于当页页脚，参考文献采用著者-出版年制，在引用文献后面加“()”注明著者和出版年，著者和出版年之间用“,”间隔，并在文章结尾以引用文献的先后顺序依次著录详细信息，每条文献信息的前面未添加序号。当然文中也未注明序号。

（6）《北京大学学报》（哲学社会科学版）2012 年第 3 期，双月刊，含内封及目录 10 个印张 160 页，刊载文稿有栏目划分。具体引文统计见表 7-6。

**表 7-6　《北京大学学报》2012 年第 3 期引文行为统计表**

| 文章篇目 | 引文条数 | 注释 | 参考文献 | 外文文献 | 直接外文 | 中译外文 | 中文文献 | 专著 | 期刊论文 | 报纸 | 论文集 | 网络 | 学位论文 | 其他 |
|---|---|---|---|---|---|---|---|---|---|---|---|---|---|---|
| 1 | 8 | | | | | | | | | | | | | |
| 2 | 94 | | | | | | | | | | | | | |
| 3 | 67 | | | | | | | | | | | | | |
| 4 | 50 | | | | | | | | | | | | | |
| 5 | 16 | | | | | | | | | | | | | |
| 6 | 14 | | | | | | | | | | | | | |
| 7 | 8 | | | | | | | | | | | | | |
| 8 | 7 | | | | | | | | | | | | | |
| 9 | 10 | | | | | | | | | | | | | |
| 10 | 19 | | | | | | | | | | | | | |
| 11 | 25 | | | | | | | | | | | | | |
| 12 | 20 | | | | | | | | | | | | | |
| 13 | 40 | | | | | | | | | | | | | |
| 14 | 33 | | | | | | | | | | | | | |
| 15 | 24 | 1 | 23 | 3 | 3 | | 20 | 2 | 9 | 2 | 5 | | | 2 |

续表7-6

| 文章篇目 | 引文条数 | 注释 | 参考文献 | 外文文献 | 直接外文 | 中译外文 | 中文文献 | 专著 | 期刊论文 | 报纸 | 论文集 | 网络 | 学位论文 | 其他 |
|---|---|---|---|---|---|---|---|---|---|---|---|---|---|---|
| 16 | 57 | | | | | | | | | | | | | |
| 17 | 14 | | | | | | | | | | | | | |
| 合计 | 506 | | | | | | | | | | | | | |
| 均值 | 30 | | | | | | | | | | | | | |

从表中统计可知，该学报当期刊文17篇，引文条数506条，篇均引文条数约30条（含注释和参考文献）。具体到每篇引文，引文著录事项完整，编排较为随意：16篇文稿未对注释和参考文献进行严格区分，均以脚注方式置于当页页脚，每页均以①领起；1篇文稿对注释和参考文献进行了严格区分，注释置于当页页脚，以①领起；参考文献在文中采用著者-出版年制，在引文处标识著者和出版年，并用“()”以示与正文相区别，著者和出版年之间用“,”间隔，文中引文处无顺序编码；参考文献的详细著录信息集结于文稿末尾，每条文献著录较为全面，以引文出现的顺序依次排列。

(7)《清华大学学报》(哲学社会科学版) 2012年第5期，双月刊，含内封及目录10个印张160页，刊载文稿有栏目划分。具体引文统计见表7-7。

**表7-7 《清华大学学报》2012年第5期引文行为统计表**

| 文章篇目 | 引文条数 | 注释 | 参考文献 | 外文文献 | 直接外文 | 中译外文 | 中文文献 | 专著 | 期刊论文 | 报纸 | 论文集 | 网络 | 学位论文 | 其他 |
|---|---|---|---|---|---|---|---|---|---|---|---|---|---|---|
| 1 | 43 | | | | | | | | | | | | | |
| 2 | 39 | | | | | | | | | | | | | |
| 3 | 3 | | | | | | | | | | | | | |
| 4 | 0 | | | | | | | | | | | | | |

续表7－7

| 文章篇目 | 引文条数 | 注释 | 参考文献 | 外文文献 | 直接外文 | 中译外文 | 中文文献 | 专著 | 期刊论文 | 报纸 | 论文集 | 网络 | 学位论文 | 其他 |
|---|---|---|---|---|---|---|---|---|---|---|---|---|---|---|
| 5 | 68 | | | | | | | | | | | | | |
| 6 | 45 | | | | | | | | | | | | | |
| 7 | 130 | | | | | | | | | | | | | |
| 8 | 29 | | | | | | | | | | | | | |
| 9 | 34 | | | | | | | | | | | | | |
| 10 | 23 | | | | | | | | | | | | | |
| 11 | 13 | | | | | | | | | | | | | |
| 12 | 27 | | | | | | | | | | | | | |
| 13 | 16 | | | | | | | | | | | | | |
| 14 | 10 | | | | | | | | | | | | | |
| 15 | 36 | | | | | | | | | | | | | |
| 16 | 19 | | 19 | 12 | 12 | | 7 | | 6 | | | | 1 | |
| 17 | 36 | | | | | | | | | | | | | |
| 合计 | 571 | | | | | | | | | | | | | |
| 均值 | 34 | | | | | | | | | | | | | |

从表中统计可知，该学报当期刊文 17 篇，引文条数 571 条，篇均引文条数约 34 条（含注释和参考文献）。具体到每篇引文，引文著录事项不完整，且编排较为随意：16 篇文稿未对注释和参考文献进行严格区分；1 篇文稿有严格区分。在未区分的 16 篇文稿中，均采用脚注的方式置于当页页脚，每页均以①领起；在区分的 1 篇文稿中，作者清晰标识了参考文献，并对外文文献进行了规范化的编排，对中文文献进行了著录，但著录事项不完整。

（8）《华东师范大学学报》（哲学社会科学版）2013 年第 5 期，双月刊，未含内封及中英文目录 11 个印张 156 页，刊载文稿有栏目划分。具体引文统计见表 7－8。

表 7-8 《华东师范大学学报》2013 年第 5 期引文行为统计表

| 文章篇目 | 引文条数 | 注释 | 参考文献 | 外文文献 | 直接外文 | 中译外文 | 中文文献 | 专著 | 期刊论文 | 报纸 | 论文集 | 网络 | 学位论文 | 其他 |
|---|---|---|---|---|---|---|---|---|---|---|---|---|---|---|
| 1 | 13 | 3 | 10 | 8 | 8 | | 2 | | 2 | | | | | |
| 2 | 17 | 0 | 17 | 1 | 1 | | 16 | | 16 | | | | | |
| 3 | 12 | 3 | 9 | 2 | | 2 | 7 | 1 | 5 | 1 | | | | |
| 4 | 6 | 0 | 6 | | | | 6 | 0 | 6 | | | | | |
| 5 | 41 | | 41 | | | | | | | | | | | |
| 6 | 13 | | 13 | | | | | | | | | | | |
| 7 | 27 | | 27 | | | | | | | | | | | |
| 8 | 25 | | 25 | | | | | | | | | | | |
| 9 | 18 | | 18 | | | | | | | | | | | |
| 10 | 6 | | 6 | | | | | | | | | | | |
| 11 | 20 | | 20 | | | | | | | | | | | |
| 12 | 37 | | 37 | | | | | | | | | | | |
| 13 | 105 | | 105 | | | | | | | | | | | |
| 14 | 71 | | 71 | | | | | | | | | | | |
| 15 | 22 | | 22 | | | | | | | | | | | |
| 16 | 20 | | 20 | | | | | | | | | | | |
| 17 | 5 | | 5 | | | | | | | | | | | |
| 18 | 7 | | 7 | | | | | | | | | | | |
| 19 | 11 | | 11 | | | | | | | | | | | |
| 20 | 16 | | 16 | | | | | | | | | | | |
| 21 | 24 | | 24 | | | | | | | | | | | |
| 合计 | 516 | 6 | 510 | | | | | | | | | | | |
| 均值 | 25 | | 24 | | | | | | | | | | | |

从表中统计可知，该学报当期刊文 21 篇，引文条数 516 条，篇均引文条数约 25 条（含注释和参考文献）。具体到每篇引文，引文著录事项完整，编排较为随意：3 篇文稿对注释和参考文献

进行了细分：注释置于当页页脚，以顺序编码制①领起；参考文献采用著者-出版年制，著者和出版年之间用“，”间隔，并用“（）”进行标识，与正文以示区分。参考文献的详细著录信息依引用的先后顺序依次置于文稿末尾，每条著录信息无序号编码，文稿中也无参考文献序号编码。

（9）《南京大学学报》（哲学·人文科学·社会科学）2013年第3期，双月刊，含内封及中英文目录10个印张160页，刊载文稿有栏目划分。具体引文统计见表7-9。

**表7-9　《南京大学学报》2013年第3期引文行为统计表**

| 文章篇目 | 引文条数 | 注释 | 参考文献 | 外文文献 | 直接外文 | 中译外文 | 中文文献 | 专著 | 期刊论文 | 报纸 | 论文集 | 网络 | 学位论文 | 其他 |
|---|---|---|---|---|---|---|---|---|---|---|---|---|---|---|
| 1 | 31 | | 31 | | | | | | | | | | | |
| 2 | 35 | 4 | 31 | 27 | 27 | | 4 | 1 | 3 | | | | | |
| 3 | 11 | | 11 | 4 | 4 | | 7 | | 6 | | | 1 | | |
| 4 | 56 | | 56 | | | | | | | | | | | |
| 5 | 55 | | 55 | | | | | | | | | | | |
| 6 | 51 | | 51 | | | | | | | | | | | |
| 7 | 45 | | 45 | | | | | | | | | | | |
| 8 | 41 | | 41 | | | | | | | | | | | |
| 9 | 102 | | 102 | | | | | | | | | | | |
| 10 | 46 | | 46 | | | | | | | | | | | |
| 11 | 18 | | 18 | | | | | | | | | | | |
| 12 | 68 | | 68 | | | | | | | | | | | |
| 13 | 1 | | 1 | | | | | | | | | | | |
| 14 | 7 | | 7 | | | | | | | | | | | |
| 合计 | 567 | 4 | 563 | | | | | | | | | | | |
| 均值 | 41 | | 40 | | | | | | | | | | | |

从表中统计可知，该学报当期刊文14篇，引文条数567条，篇均引文条数41条（含注释和参考文献）。具体到每篇引文，引

文著录事项完整，编排较为随意：12 篇文稿没有对注释和参考文献进行细分，统一采用脚注的方式置于当页页脚，均以顺序编码制①领起；2 篇文稿对注释和参考文献进行了细分，注释置于当页页脚，以顺序编码制①领起；参考文献采用著者-出版年制，著者和出版年之间用“,”间隔，并用“()”进行标识。如文稿中有著者，则只标识出版年，并用“()”进行标识。参考文献的详细著录信息依引用的先后顺序依次置于文稿末尾，每条著录信息无序号编码，文稿中也无参考文献序号编码。

(10)《南京师大学报》(社会科学版) 2013 年第 3 期，双月刊，含内封及中英文目录 10 个印张 160 页，刊载文稿有栏目划分。具体引文统计见表 7-10。

**表 7-10 《南京师大学报》2013 年第 3 期引文行为统计表**

| 文章篇目 | 引文条数 | 注释 | 参考文献 | 外文文献 | 直接外文 | 中译外文 | 中文文献 | 专著 | 期刊论文 | 报纸 | 论文集 | 网络 | 学位论文 | 其他 |
|---|---|---|---|---|---|---|---|---|---|---|---|---|---|---|
| 1 | 14 | | | | | | | | | | | | | |
| 2 | 7 | | | | | | | | | | | | | |
| 3 | 19 | | | | | | | | | | | | | |
| 4 | 17 | | | | | | | | | | | | | |
| 5 | 76 | | | | | | | | | | | | | |
| 6 | 15 | | | | | | | | | | | | | |
| 7 | 23 | | | | | | | | | | | | | |
| 8 | 20 | | 20 | 6 | 6 | | 14 | | 10 | | | | 4 | |
| 9 | 16 | 3 | 13 | 7 | 7 | | 6 | | 5 | | | | | 1 |
| 10 | 28 | | | | | | | | | | | | | |
| 11 | 24 | | | | | | | | | | | | | |
| 12 | 27 | | | | | | | | | | | | | |
| 13 | 9 | | 9 | 6 | 6 | | 3 | | 3 | | | | | |
| 14 | 5 | | 5 | | | | 5 | 5 | | | | | | |
| 15 | 48 | | | | | | | | | | | | | |
| 16 | 84 | | | | | | | | | | | | | |

续表7－10

| 文章篇目 | 引文条数 | 注释 | 参考文献 | 外文文献 | 直接外文 | 中译外文 | 中文文献 | 专著 | 期刊论文 | 报纸 | 论文集 | 网络 | 学位论文 | 其他 |
|---|---|---|---|---|---|---|---|---|---|---|---|---|---|---|
| 17 | 15 | | | | | | | | | | | | | |
| 18 | 11 | | | | | | | | | | | | | |
| 合计 | 458 | | | | | | | | | | | | | |
| 均值 | 25 | | | | | | | | | | | | | |

从表中统计可知，该学报当期刊文18篇，引文条数458条，篇均引文条数25条（含注释和参考文献）。具体到每篇引文，参考文献著录事项完整，编排较为随意：14篇文稿未对注释和参考文献进行严格的区分；均采用注释的方式以顺序编码制①领起，脚注的形式置于当页页脚；4篇文稿对注释和参考文献进行了严格的区分。参考文献以顺序编码制［1］领起，置于文末。

（11）《陕西师范大学学报》2012年第3期，双月刊，含内封和目录11个印张176页，刊载文稿有栏目划分。具体引文统计见表7－11。

**表7－11　《陕西师范大学学报》2012年第3期引文行为统计表**

| 文章篇目 | 引文条数 | 注释 | 参考文献 | 外文文献 | 直接外文 | 中译外文 | 中文文献 | 专著 | 期刊论文 | 报纸 | 论文集 | 网络 | 学位论文 | 其他 |
|---|---|---|---|---|---|---|---|---|---|---|---|---|---|---|
| 1 | 6 | 0 | 6 | | | | 6 | 2 | 4 | | | | | |
| 2 | 36 | 7 | 29 | | | | 29 | 16 | 5 | 8 | | | | |
| 3 | 21 | 5 | 16 | | | | 16 | 12 | 2 | 2 | | | | |
| 4 | 36 | 7 | 29 | | | | 29 | 25 | | 4 | | | | |
| 5 | 10 | 0 | 10 | 8 | 3 | 5 | 2 | | 1 | | | | 1 | |
| 6 | 20 | 0 | 20 | 15 | 6 | 9 | 5 | 4 | 1 | | | | | |
| 7 | 30 | 5 | 25 | 21 | 9 | 12 | 4 | 3 | 1 | | | | | |
| 8 | 14 | 5 | 9 | 7 | 1 | 6 | 2 | 1 | | 1 | | | | |
| 9 | 23 | 4 | 19 | 5 | 5 | | 14 | 1 | 13 | | | | | |

续表7－11

| 文章篇目 | 引文条数 | 注释 | 参考文献 | 外文文献 | 直接外文 | 中译外文 | 中文文献 | 专著 | 期刊论文 | 报纸 | 论文集 | 网络 | 学位论文 | 其他 |
|---|---|---|---|---|---|---|---|---|---|---|---|---|---|---|
| 10 | 33 | 5 | 28 | | | | 28 | 27 | 1 | | | | | |
| 11 | 10 | 4 | 6 | | | | 6 | 6 | | | | | | |
| 12 | 16 | 6 | 10 | | | | 10 | 8 | 2 | | | | | |
| 13 | 32 | 14 | 18 | | | | 18 | 16 | 2 | | | | | |
| 14 | 37 | 0 | 37 | | | | 37 | 28 | 9 | | | | | |
| 15 | 44 | 0 | 44 | | | | 44 | 39 | 5 | | | | | |
| 16 | 5 | 0 | 5 | | | | 5 | 3 | 1 | | | | | 1 |
| 17 | 26 | 7 | 19 | | | | 19 | 12 | 7 | | | | | |
| 18 | 9 | 7 | 2 | | | | 2 | 1 | 1 | | | | | |
| 19 | 10 | 2 | 8 | 2 | 1 | 1 | 6 | 2 | 4 | | | | | |
| 20 | 10 | 0 | 10 | | | | 10 | 10 | | | | | | |
| 21 | 20 | 3 | 17 | 5 | | 5 | 12 | 12 | | | | | | |
| 22 | 32 | 1 | 31 | 9 | | 9 | 22 | 5 | 15 | 1 | | 1 | | |
| 23 | 11 | 0 | 11 | 8 | | 8 | 3 | | 3 | | | | | |
| 24 | 20 | 6 | 14 | | | | 14 | 4 | 7 | 2 | | 1 | | |
| 合计 | 511 | 88 | 423 | 80 | 25 | 55 | 343 | 237 | 84 | | | | | |
| 均值 | 21 | 4 | 18 | | | | | | | | | | | |

从表中统计可知，该学报当期刊文 24 篇，引用文献 511 条（注释 88 条，参考文献 423 条），篇均引文数量 21 条，篇均外文文献 3 条，篇均中文文献 18 条；外文文献 80 条，中文文献 431 条（含注释），外文文献占引用文献的 16%，中文文献占引用文献的 84%；在引用的外文文献中，中译外文 55 条，直接外文 25 条，中译外文占比较高；在引用的中文文献中，专著占比较高，其余依次为期刊论文、报纸、网络、学位论文及其他。具体到每篇引文，引文著录事项完整，编排规范：注释和参考文献进行了严格的区分。注释以脚注方式置于当页页脚，每页均以①领起；

参考文献置于文稿末尾，以［1］领起，并在文稿中标识。

（12）《湘潭大学学报》2013 年第 3 期，双月刊，不含内封及目录 10 个印张 160 页，刊载文稿有栏目划分。具体引文统计见表 7－12。

**表 7－12　《湘潭大学学报》2013 年第 3 期引文行为统计表**

| 文章篇目 | 引文条数 | 注释 | 参考文献 | 外文文献 | 直接外文 | 中译外文 | 中文文献 | 专著 | 期刊论文 | 报纸 | 论文集 | 网络 | 学位论文 | 其他 |
|---|---|---|---|---|---|---|---|---|---|---|---|---|---|---|
| 1 | 40 | 11 | 29 | 1 | 1 |  | 28 | 22 | 4 |  | 2 |  |  |  |
| 2 | 15 |  | 15 | 7 | 7 |  | 8 |  | 8 |  |  |  |  |  |
| 3 | 9 |  | 9 |  |  |  | 9 | 1 | 8 |  |  |  |  |  |
| 4 | 12 |  | 12 | 5 | 5 |  | 7 | 1 | 5 |  |  |  | 1 |  |
| 5 | 11 | 1 | 10 | 9 | 9 |  | 1 |  | 1 |  |  |  |  |  |
| 6 | 12 |  | 12 | 3 | 3 |  | 9 |  | 9 |  |  |  |  |  |
| 7 | 16 |  | 16 | 7 | 7 |  | 9 |  | 4 | 1 |  | 4 |  |  |
| 8 | 14 |  | 14 | 4 | 3 | 1 | 10 | 1 | 7 | 1 |  |  |  | 1 |
| 9 | 26 |  | 26 | 9 | 5 | 4 | 17 | 8 | 8 | 1 |  |  |  |  |
| 10 | 4 |  | 4 |  |  |  | 4 | 3 | 1 |  |  |  |  |  |
| 11 | 12 |  | 12 | 5 | 3 | 2 | 7 | 5 | 2 |  |  |  |  |  |
| 12 | 7 |  | 7 | 2 |  | 2 | 5 | 2 | 1 | 1 |  | 1 |  |  |
| 13 | 16 | 7 | 9 | 9 | 9 |  |  |  |  |  |  |  |  |  |
| 14 | 17 |  | 17 | 7 | 3 | 4 | 10 |  | 10 |  |  |  |  |  |
| 15 | 28 | 2 | 26 | 9 | 2 | 7 | 17 | 10 | 7 |  |  |  |  |  |
| 16 | 1 |  | 1 |  |  |  | 1 | 1 |  |  |  |  |  |  |
| 17 | 9 |  | 9 | 2 |  | 2 | 7 | 7 |  |  |  |  |  |  |
| 18 | 0 |  |  |  |  |  |  |  |  |  |  |  |  |  |
| 19 | 7 | 1 | 6 | 1 |  | 1 | 5 | 2 | 2 | 1 |  |  |  |  |
| 20 | 12 |  | 12 | 4 | 2 | 2 | 8 | 4 | 3 |  |  |  | 1 |  |
| 21 | 12 |  | 12 |  |  |  | 12 | 2 | 8 |  |  | 1 | 1 |  |
| 22 | 15 |  | 15 | 11 | 11 |  | 4 | 1 | 3 |  |  |  |  |  |

续表7—12

| 文章篇目 | 引文条数 | 注释 | 参考文献 | 外文文献 | 直接外文 | 中译外文 | 中文文献 | 专著 | 期刊论文 | 报纸 | 论文集 | 网络 | 学位论文 | 其他 |
|---|---|---|---|---|---|---|---|---|---|---|---|---|---|---|
| 23 | 2 | | 2 | | | | 2 | | 2 | | | | | |
| 24 | 8 | | 8 | | | | 8 | 2 | 6 | | | | | |
| 25 | 22 | | 22 | | | | 22 | 17 | 4 | 1 | | | | |
| 26 | 12 | | 12 | | | | 12 | 11 | | | 1 | | | |
| 27 | 18 | | 18 | 16 | 10 | 6 | 2 | 1 | 1 | | | | | |
| 28 | 22 | | 22 | | | | 22 | 19 | 3 | | | | | |
| 29 | 66 | 5 | 61 | 5 | 4 | 1 | 56 | 38 | 9 | 8 | | | 1 | |
| 30 | 10 | | 10 | | | | 10 | 7 | 3 | | | | | |
| 31 | 13 | | 13 | | | | 13 | 13 | | | | | | |
| 32 | 9 | | 9 | 3 | 2 | 1 | 6 | 1 | 3 | | | | 2 | |
| 33 | 21 | | 21 | 9 | 9 | | 12 | 3 | 9 | | | | | |
| 合计 | 498 | 27 | 471 | 128 | 95 | 33 | 343 | 182 | 131 | 14 | 3 | 6 | 6 | 1 |
| 均值 | 15 | | | | | | | | | | | | | |

从表中统计可知，该学报当期刊文33篇，引用文献498条（注释27条，参考文献471条），篇均引文数量15条，篇均外文文献4条，篇均中文文献11条；外文文献128条，中文文献370条（含注释），外文文献占引用文献的26%，中文文献占引用文献的74%；在引用的外文文献中，直接外文95条，中译外文33条，直接外文占比较高；在引用的中文文献中，专著占比较高，其余依次为期刊论文、报纸、网络、学位论文、论文集及其他。具体到每篇引文，引文著录事项完整，编排规范：注释和参考文献进行了严格的区分。注释采用脚注方式置于当页页脚，每页均以①领起；参考文献采用顺序编码制，以［1］领起，统一置于文稿末尾，参考文献著录事项完整、清楚。

（13）《公共管理学报》（哈工大管理学院主办）2014年第3

期，双月刊，不含内封及中英文目录 9 个印张 144 页，刊载文稿无栏目划分。具体引文统计见表 7-13。

**表 7-13　《公共管理学报》2014 年第 3 期引文行为统计表**

| 文章篇目 | 引文条数 | 注释 | 参考文献 | 外文文献 | 直接外文 | 中译外文 | 中文文献 | 专著 | 期刊论文 | 报纸 | 论文集 | 网络 | 学位论文 | 其他 |
|---|---|---|---|---|---|---|---|---|---|---|---|---|---|---|
| 1 | 23 | 20 | 3 | 1 | 1 |  | 2 | 1 | 1 |  |  |  |  |  |
| 2 | 16 |  | 16 | 4 | 1 | 3 | 12 | 2 | 9 |  |  |  | 1 |  |
| 3 | 26 |  | 26 | 6 | 1 | 5 | 20 | 5 | 15 |  |  |  |  |  |
| 4 | 96 | 29 | 67 | 7 | 5 | 2 | 60 | 8 | 24 | 22 | 2 | 2 | 2 |  |
| 5 | 69 | 10 | 59 | 36 | 36 |  | 23 | 3 | 18 |  |  |  | 1 | 1 |
| 6 | 79 | 11 | 68 | 54 | 50 | 4 | 14 | 2 | 6 | 2 | 1 | 2 | 1 |  |
| 7 | 57 | 12 | 45 | 27 | 26 | 1 | 18 | 2 | 15 |  |  | 1 |  |  |
| 8 | 45 | 1 | 44 | 3 | 3 |  | 41 |  | 39 |  |  | 2 |  |  |
| 9 | 65 | 4 | 61 | 24 | 24 |  | 37 | 1 | 33 | 1 |  |  | 2 |  |
| 10 | 42 |  | 42 | 10 | 6 | 4 | 32 | 6 | 19 | 1 | 1 | 4 |  | 1 |
| 11 | 47 | 5 | 42 | 12 | 8 | 4 | 30 | 6 | 23 |  | 1 |  |  |  |
| 12 | 52 | 16 | 36 | 20 |  |  | 16 | 1 | 15 |  |  |  |  |  |
| 13 | 29 |  | 29 | 23 | 23 |  | 6 | 3 | 3 |  |  |  |  |  |
| 合计 | 646 | 108 | 538 | 227 | 184 | 23 | 311 | 40 | 220 | 26 | 5 | 11 | 7 | 2 |
| 均值 | 50 |  | 41 |  |  |  |  |  |  |  |  |  |  |  |

从表中统计可知，该学报当期刊文 13 篇，引用文献 646 条（注释 108 条，参考文献 538 条），篇均引文数量 50 条，篇均外文文献 17 条，篇均中文文献 33 条；外文文献 227 条，中文文献 419 条（含注释），外文文献占引用文献的 35%，中文文献占引用文献的 65%；在引用的外文文献中，直接外文 184 条，中译外文 23 条，直接外文占比较高；在引用的中文文献中，期刊占比较高，其余依次为专著、报纸、网络、学位论文、论文集及其他。具体到每篇引文，引文著录事项完整，编排规范：注释和参

考文献进行了严格的区分。注释采用脚注方式置于当页页脚，每页均以①领起；参考文献采用顺序编码制，以［1］领起，统一置于文稿末尾，参考文献著录事项完整、清楚。

（14）《吉林大学学报》2013 年第 3 期，双月刊，20 篇文稿。具体引文统计见表 7－14。

**表 7－14　《吉林大学学报》2013 年第 3 期引文行为统计表**

| 文章篇目 | 引文条数 | 注释 | 参考文献 | 外文文献 | 直接外文 | 中译外文 | 中文文献 | 专著 | 期刊论文 | 报纸 | 论文集 | 网络 | 学位论文 | 其他 |
|---|---|---|---|---|---|---|---|---|---|---|---|---|---|---|
| 1 | 9 | | 9 | | | | 9 | | 9 | | | | | |
| 2 | 5 | | 5 | | | | 5 | 2 | 1 | | | 2 | | |
| 3 | 25 | 2 | 23 | 14 | 14 | 0 | 9 | | 9 | | | | | |
| 4 | 13 | | 13 | 7 | 7 | | 6 | | 6 | | | | | |
| 5 | 18 | | 18 | 11 | 11 | | 7 | | 7 | | | | | |
| 6 | 14 | 1 | 13 | 8 | 8 | | 5 | | 5 | | | | | |
| 7 | 22 | | 22 | 14 | 14 | | 8 | | 3 | | | | 5 | |
| 8 | 16 | 8 | 8 | 2 | | 2 | 6 | 2 | 2 | | | 2 | | |
| 9 | 32 | 10 | 22 | 16 | 12 | 4 | 6 | 4 | | | | | | 2 |
| 10 | 31 | 24 | 7 | 7 | 7 | | | | | | | | | |
| 11 | 23 | 8 | 15 | 4 | 2 | 2 | 11 | 6 | 5 | | | | | |
| 12 | 5 | 3 | 2 | | | | 2 | | | | | 2 | | |
| 13 | 12 | | 12 | | | | 12 | 12 | | | | | | |
| 14 | 9 | | 9 | 1 | 1 | | 8 | 6 | 2 | | | | | |
| 15 | 28 | | 28 | 13 | 1 | 12 | 15 | 12 | 3 | | | | | |
| 16 | 11 | | 11 | | | | 11 | 10 | | | 1 | | | |
| 17 | 43 | 21 | 22 | | | | 22 | 18 | 4 | | | | | |
| 18 | 27 | 9 | 18 | | | | 18 | 17 | 1 | | | | | |
| 19 | 16 | 6 | 10 | | | | 10 | 9 | 1 | | | | | |
| 20 | 56 | | 56 | | | | 56 | 22 | 30 | | | | 4 | |
| 合计 | 415 | 92 | 323 | 97 | | | 226 | 120 | 88 | | 1 | 6 | 9 | 2 |
| 均值 | 21 | | 16 | | | | 12 | | | | | | | |

从表中统计可知，该学报当期刊文 20 篇，引用文献 415 条（注释 92 条，参考文献 324 条），篇均引文数量 21 条，篇均外文文献 5 条，篇均中文文献 16 条；外文文献 97 条，中文文献 318 条（含注释），外文文献占引用文献的 23%，中文文献占引用文献的 77%；在引用的外文文献中，中译外文 20 条，直接外文 77 条，直接外文占比较高；在引用的中文文献中，专著占比较高，其余依次为期刊论文、学位论文、网络、其他及论文集。具体到每篇引文，对注释和参考文献进行了严格的区分。注释采用脚注方式置于当页页脚，以顺序编码制①领起；参考文献采用顺序编码制依引文的先后顺序依次著录于文稿末尾，在文稿中有顺序编码及索引文献页码。美中不足的是：参考文献著录事项虽然全面，但没有进行规范编排。

（15）《社会科学研究》（四川省社科院主办）2013 年第 1 期，双月刊，不含内封和目录 13.25 个印张 212 页，刊载文稿有栏目划分。具体引文统计见表 7－15。

**表 7－15　《社会科学研究》2013 年第 1 期引文行为统计表**

| 文章篇目 | 引文条数 | 注释 | 参考文献 | 外文文献 | 直接外文 | 中译外文 | 中文文献 | 专著 | 期刊论文 | 报纸 | 论文集 | 网络 | 学位论文 | 其他 |
|---|---|---|---|---|---|---|---|---|---|---|---|---|---|---|
| 1 | 17 | | 17 | | | | 17 | 1 | 1 | 11 | | 4 | | |
| 2 | 22 | 3 | 19 | | | | 19 | 3 | 14 | 2 | | | | |
| 3 | 19 | | 19 | | | | 19 | 3 | 14 | 1 | 1 | | | |
| 4 | 7 | | 7 | 3 | 1 | 2 | 4 | | 4 | | | | | |
| 5 | 10 | 2 | 8 | | | | 8 | | 6 | 1 | | 1 | | |
| 6 | 2 | | 2 | | | | 2 | | 2 | | | | | |
| 7 | 21 | | 21 | 16 | | 16 | 5 | 1 | 4 | | | | | |
| 8 | 28 | | 28 | 23 | 4 | 19 | 5 | 4 | | | 1 | | | |
| 9 | 8 | | 8 | 7 | | 7 | 1 | | 1 | | | | | |
| 10 | 15 | | 15 | | | | 15 | | 1 | 2 | | 12 | | |

续表7-15

| 文章篇目 | 引文条数 | 注释 | 参考文献 | 外文文献 | 直接外文 | 中译外文 | 中文文献 | 专著 | 期刊论文 | 报纸 | 论文集 | 网络 | 学位论文 | 其他 |
|---|---|---|---|---|---|---|---|---|---|---|---|---|---|---|
| 11 | 27 | | 27 | 10 | | 10 | 17 | 17 | | | | | | |
| 12 | 28 | 4 | 24 | 15 | 1 | 14 | 9 | 1 | 5 | | 2 | 1 | | |
| 13 | 15 | | 15 | 8 | 4 | 4 | 7 | | 1 | 2 | | 4 | | |
| 14 | 27 | 3 | 24 | 5 | 2 | 3 | 19 | 2 | 12 | | | 5 | | |
| 15 | 11 | 6 | 5 | 1 | | 1 | 4 | 1 | 3 | | | | | |
| 16 | 13 | 2 | 11 | 1 | | 1 | 10 | 7 | 3 | | | | | |
| 17 | 24 | 4 | 20 | 17 | | 17 | 3 | 3 | | | | | | |
| 18 | 14 | 2 | 12 | | | | 12 | 1 | 10 | | 1 | | | |
| 19 | 18 | 4 | 14 | | | | 14 | 7 | 6 | | | | 1 | |
| 20 | 35 | 9 | 26 | 26 | | 26 | | | | | | | | |
| 21 | 2 | 2 | | | | | | | | | | | | |
| 22 | 12 | | 12 | 9 | | 9 | 3 | 1 | 2 | | | | | |
| 23 | 36 | | 36 | 1 | | 1 | 35 | 35 | | | | | | |
| 24 | 15 | 1 | 14 | 3 | 3 | | 11 | 1 | 6 | | | 4 | | |
| 25 | 59 | 5 | 54 | | | | 54 | 36 | 3 | | 8 | | | 7 |
| 26 | 72 | 18 | 54 | 3 | | 3 | 51 | 8 | 15 | 2 | | | | 26 |
| 27 | 68 | 5 | 63 | | | | 63 | 16 | 8 | | | | | 39 |
| 28 | 52 | 2 | 50 | 2 | | 2 | 48 | 10 | 11 | 12 | | | | 15 |
| 29 | 30 | 4 | 26 | | | | 26 | 8 | 4 | | 14 | | | |
| 30 | 21 | 1 | 20 | 20 | 16 | 4 | | | | | | | | |
| 31 | 31 | | 31 | | | | 31 | 20 | | | 11 | | | |
| 32 | 31 | | 31 | 5 | | 5 | 26 | 19 | | | 7 | | | |
| 33 | 12 | 1 | 11 | 9 | 8 | 1 | 2 | 1 | | | 1 | | | |
| 34 | 7 | 2 | 5 | 2 | 2 | | 3 | | 3 | | | | | |
| 35 | | | | | | | | | | | | | | |
| 36 | | | | | | | | | | | | | | |
| 37 | | | | | | | | | | | | | | |

续表7－15

| 文章篇目 | 引文条数 | 注释 | 参考文献 | 外文文献 | 直接外文 | 中译外文 | 中文文献 | 专著 | 期刊论文 | 报纸 | 论文集 | 网络 | 学位论文 | 其他 |
|---|---|---|---|---|---|---|---|---|---|---|---|---|---|---|
| 38 | | | | | | | | | | | | | | |
| 合计 | 809 | 80 | 729 | 186 | 41 | 142 | 543 | 206 | 139 | 38 | 46 | 30 | 1 | 87 |
| 均值 | 24 | 4 | 22 | 9 | | | 18 | 9 | 6 | | | | | |

从表中统计可知，该学报当期刊文 38 篇，引用文献 809 条（注释 80 条，参考文献 729 条），篇均引文数量 24 条，篇均外文文献 5 条，篇均中文文献 19 条；外文文献 186 条，中文文献 623 条（含注释），外文文献占引用文献的 23%，中文文献占引用文献的 77%；在引用的外文文献中，中译外文 142 条，直接外文 41 条，中译外文占比较高；在引用的中文文献中，专著占比较高，其余依次为期刊论文、报纸、网络、学位论文及其他。具体到每篇引文，引文著录事项完整，编排规范：注释和参考文献进行了严格区分。注释采用脚注置于当页页脚，以①领起；参考文献采用顺序编码制置于文末。参考文献著录信息清楚全面，并进行了规范编排；（35～38）是“学界观察”栏目，无注释和参考文献。

（16）《世界经济》（中国世界经济学会和中国社科院世界经济与政治研究所主办）2014 年第 10 期，月刊，含中英文目录 12 个印章 192 页，刊载文稿无栏目划分。具体引文统计见表 7－16。

**表 7－16　《世界经济》2014 年第 10 期引文行为统计表**

| 文章篇目 | 引文条数 | 注释 | 参考文献 | 外文文献 | 直接外文 | 中译外文 | 中文文献 | 专著 | 期刊论文 | 报纸 | 论文集 | 网络 | 学位论文 | 其他 |
|---|---|---|---|---|---|---|---|---|---|---|---|---|---|---|
| 1 | 93 | 34 | 59 | 24 | 24 | | 35 | | 33 | | | | 2 | |
| 2 | 25 | 8 | 17 | 12 | 12 | | 5 | | 5 | | | | | |
| 3 | 61 | 10 | 51 | 24 | 24 | | 27 | | 27 | | | | | |

续表7－16

| 文章篇目 | 引文条数 | 注释 | 参考文献 | 外文文献 | 直接外文 | 中译外文 | 中文文献 | 专著 | 期刊论文 | 报纸 | 论文集 | 网络 | 学位论文 | 其他 |
|---|---|---|---|---|---|---|---|---|---|---|---|---|---|---|
| 4 | 65 | 22 | 43 | 32 | 32 |  | 11 | 1 | 10 |  |  |  |  |  |
| 5 | 32 | 1 | 31 | 18 | 18 |  | 13 | 1 | 12 |  |  |  |  |  |
| 6 | 31 | 9 | 22 | 11 | 11 |  | 11 |  | 11 |  |  |  |  |  |
| 7 | 38 | 10 | 28 | 20 | 20 |  | 8 |  | 8 |  |  |  |  |  |
| 8 | 32 | 14 | 18 | 9 | 9 |  | 9 |  | 9 |  |  |  |  |  |
| 合计 | 377 | 108 | 269 | 150 |  |  | 119 |  | 115 |  |  |  |  |  |
| 均值 | 47 | 14 | 34 | 19 |  |  | 15 |  | 14 |  |  |  |  |  |

从表中统计可知，该学报当期刊文 8 篇，引用文献 377 条（注释 108 条，参考文献 269 条），篇均引文数量 47 条，篇均外文文献 19 条，篇均中文文献 28 条；外文文献 150 条，中文文献 227 条（含注释），外文文献占引用文献的 40％，中文文献占引用文献的 60％；在引用的外文文献中，直接外文 150 条，中译外文 0 条，直接外文占比 100％；在引用的中文文献中，期刊论文占比较高，其余依次为专著、学位论文。具体到每篇引文，引文著录事项完整，注释和参考文献进行了严格区分。注释采用脚注置于当页页脚，以①领起；参考文献采用顺序编码制置于文末。参考文献著录信息清楚全面，编排规范。

## 二、自然科学学术期刊引文行为样本的数据统计与分析

(1)《中山大学学报》（自然科学版）2015 年第一期，双月刊，不含中英文目录 8 个印张 144 页，刊载文稿无栏目划分。具体引文统计见表 7－17。

表 7－17　《中山大学学报》2015 年第 1 期引文行为统计表

| 文章篇目 | 参考文献 | 外文文献 | 英文 | 中译本 | 专著 | 期刊论文 | 报纸 | 论文集 | 网络 | 学位论文 | 其他 | 中文文献 | 专著 | 期刊论文 | 报纸 | 论文集 | 网络 | 学位论文 | 其他 |
|---|---|---|---|---|---|---|---|---|---|---|---|---|---|---|---|---|---|---|---|
| 1 | 17 | 15 | 15 |  |  | 13 |  | 2 |  |  |  | 2 | 1 | 1 |  |  |  |  |  |
| 2 | 9 | 9 | 9 |  | 1 | 8 |  |  |  |  |  |  |  |  |  |  |  |  |  |
| 3 | 13 | 13 | 13 |  | 1 | 11 |  | 1 |  |  |  |  |  |  |  |  |  |  |  |
| 4 | 10 | 7 | 7 |  |  | 7 |  |  |  |  |  | 3 |  | 3 |  |  |  |  |  |
| 5 | 12 | 8 | 8 |  | 1 | 4 |  | 3 |  |  |  | 4 |  | 4 |  |  |  |  |  |
| 6 | 15 | 15 | 15 |  | 4 | 11 |  |  |  |  |  |  |  |  |  |  |  |  |  |
| 7 | 23 | 10 | 10 |  |  | 10 |  |  |  |  |  | 13 |  | 10 |  |  |  | 3 |  |
| 8 | 15 | 4 | 4 |  |  | 4 |  |  |  |  |  | 11 | 3 | 8 |  |  |  |  |  |
| 9 | 14 |  |  |  |  |  |  |  |  |  |  | 14 |  | 12 |  |  |  | 2 |  |
| 10 | 13 | 12 | 12 |  | 1 | 5 |  | 3 | 3 |  |  | 1 |  | 1 |  |  |  |  |  |
| 11 | 26 | 26 | 26 |  | 1 | 25 |  |  |  |  |  |  |  |  |  |  |  |  |  |
| 12 | 16 | 6 | 6 |  | 2 | 2 |  | 2 |  |  |  | 10 | 1 | 7 |  |  |  |  | 2 |
| 13 | 18 | 3 | 3 |  |  | 3 |  |  |  |  |  | 15 |  | 14 |  |  |  | 1 |  |
| 14 | 11 | 2 | 2 |  |  | 2 |  |  |  |  |  | 9 | 1 | 7 |  | 1 |  |  |  |
| 15 | 14 | 13 | 13 |  | 1 | 12 |  |  |  |  |  | 1 | 1 |  |  |  |  |  |  |
| 16 | 22 | 20 | 20 |  |  | 20 |  |  |  |  |  | 2 |  | 2 |  |  |  |  |  |
| 17 | 12 | 9 | 9 |  |  | 9 |  |  |  |  |  | 3 |  | 3 |  |  |  |  |  |
| 18 | 24 | 20 | 20 |  | 3 | 15 |  | 2 |  |  |  | 4 | 3 | 1 |  |  |  |  |  |
| 19 | 5 | 5 | 5 |  | 2 | 3 |  |  |  |  |  |  |  |  |  |  |  |  |  |
| 20 | 12 | 10 | 10 |  |  | 10 |  |  |  |  |  | 2 |  | 2 |  |  |  |  |  |
| 21 | 30 | 8 | 8 |  | 1 | 5 |  | 2 |  |  |  | 22 |  | 22 |  |  |  |  |  |
| 22 | 18 | 7 | 7 |  |  | 6 |  | 1 |  |  |  | 11 |  | 11 |  |  |  |  |  |
| 23 | 20 | 10 | 10 |  |  | 9 |  |  |  |  | 1 | 10 |  | 9 |  |  |  | 1 |  |
| 24 | 16 | 11 | 11 |  |  | 8 |  |  |  |  | 3 | 5 |  | 5 |  |  |  |  |  |
| 25 | 34 | 22 | 22 |  |  | 13 |  | 7 |  | 1 | 1 | 12 | 1 | 9 |  |  |  | 2 |  |
| 26 | 46 | 10 | 10 |  | 2 | 8 |  |  |  |  |  | 36 | 6 | 27 |  |  |  | 3 |  |
| 合计 | 465 | 275 | 275 |  | 20 | 223 |  | 23 | 3 | 1 | 5 | 190 | 17 | 158 |  | 1 |  | 12 | 2 |

从表中统计可知，该学报当期刊文 26 篇，引用参考文献 465 条，篇均引文约 18 条：其中篇均外文引文约 11 条，篇均中文引文约 7 条；外文文献 275 条，中文文献 190 条，外文文献占引用文献的 59%，中文文献占引用文献的 41%；在引用的外文文献中，期刊论文比占比最高，约 81%，其余依次为论文集、专著、其他、网络和学问论文，占比约 19%；在引用的中文文献中，期刊论文比占比最高，约 83%，其余依次为专著、学位论文、其他和论文集，占比约 17%。具体到每篇引文，引文著录事项完整，编排规范。

（2）《清华大学学报》2015 年第 4 期，月刊，含中英文目录及内外封 7.25 个印张 116 页，刊载文稿有栏目划分。具体引文统计见表 7−18。

**表 7−18　《清华大学学报》2015 年第 4 期引文行为统计表**

| 文章篇目 | 参考文献 | 外文文献 | 英文 | 中译本 | 专著 | 期刊论文 | 报纸 | 论文集 | 网络 | 学位论文 | 其他 | 中文文献 | 专著 | 期刊论文 | 报纸 | 论文集 | 网络 | 学位论文 | 其他 |
|---|---|---|---|---|---|---|---|---|---|---|---|---|---|---|---|---|---|---|---|
| 1 | 15 | 3 | 3 | | | 3 | | | | | | 12 | | 8 | | | 1 | 3 | |
| 2 | 24 | 20 | 20 | | 3 | 2 | | | 6 | | 9 | 4 | 1 | | | | 1 | | 2 |
| 3 | 10 | 4 | 4 | | | 2 | | | 1 | | 1 | 6 | 1 | 1 | | | 3 | 1 | |
| 4 | 16 | 15 | 14 | 1 | 1 | 13 | | | | | | 1 | 1 | | | | | | |
| 5 | 13 | 12 | 12 | | 1 | 7 | | 4 | | | | 1 | | 1 | | | | | |
| 6 | 12 | 12 | 12 | | | 2 | | 6 | 1 | | 3 | | | | | | | | |
| 7 | 12 | 12 | 12 | | 3 | 3 | | 5 | 1 | | | | | | | | | | |
| 8 | 15 | 14 | 14 | | | 10 | | | | | 4 | 1 | | 1 | | | | | |
| 9 | 14 | 14 | 14 | | | 11 | | | | | 3 | | | | | | | | |
| 10 | 25 | 21 | 21 | | | 13 | | | 8 | | | 4 | | 4 | | | | | |
| 11 | 40 | 34 | 34 | | 1 | 30 | | | | | 3 | 6 | 3 | 3 | | | | | |
| 12 | 36 | 20 | 20 | | | 20 | | | | | | 16 | | 16 | | | | | |
| 13 | 13 | 6 | 6 | | 1 | 5 | | | | | | 7 | 2 | 4 | | 1 | | | |

续表7－18

| 文章篇目 | 参考文献 | 外文文献 | 英文 | 中译本 | 专著 | 期刊论文 | 报纸 | 论文集 | 网络 | 学位论文 | 其他 | 中文文献 | 专著 | 期刊论文 | 报纸 | 论文集 | 网络 | 学位论文 | 其他 |
|---|---|---|---|---|---|---|---|---|---|---|---|---|---|---|---|---|---|---|---|
| 14 | 20 | 20 | 20 |  | 2 | 16 |  | 2 |  |  |  |  |  |  |  |  |  |  |  |
| 15 | 16 | 12 | 12 |  | 3 | 9 |  |  |  |  |  | 4 | 3 | 1 |  |  |  |  |  |
| 合计 | 281 | 219 | 218 | 1 | 15 | 146 |  | 17 | 17 |  | 23 | 62 | 11 | 39 |  | 1 | 5 | 4 | 2 |

从表中统计可知，该学报当期刊文 15 篇，引用参考文献 281 条，篇均引文约 20 条：其中篇均外文引文约 15 条，篇均中文引文约 5 条；外文文献 219 条，中文文献 62 条，外文文献占引用文献的 78％，中文文献占引用文献 22％；在引用的外文文献中，期刊论文占比最高，约 67％，其余依次为其他、论文集、网络、专著，约 33％；在引用的中文文献中，期刊论文占比最高，约 63％，其余依次为为专著、网络、学位论文、其他及论文集，占比约 37％。具体到每篇引文，引文著录事项完整，编排规范。并且中英文参考文献同时著录（第 1 篇文稿英文参考文献没有中文著录）。

（3）《四川大学学报》（自然科学版）2015 年第 4 期，双月刊，不含中英文目录及内外封 14.625 个印张 234 页，刊载文稿有栏目划分。具体引文统计见表 7－19。

**表 7－19　《四川大学学报》2015 年第 4 期引文行为统计表**

| 文章篇目 | 参考文献 | 外文文献 | 英文 | 中译本 | 专著 | 期刊论文 | 报纸 | 论文集 | 网络 | 学位论文 | 其他 | 中文文献 | 专著 | 期刊论文 | 报纸 | 论文集 | 网络 | 学位论文 | 其他 |
|---|---|---|---|---|---|---|---|---|---|---|---|---|---|---|---|---|---|---|---|
| 1 | 19 | 19 | 19 |  | 1 | 17 |  |  |  |  | 1 |  |  |  |  |  |  |  |  |
| 2 | 18 | 14 | 14 |  | 1 | 13 |  |  |  |  |  | 4 |  | 4 |  |  |  |  |  |
| 3 | 15 | 9 | 9 |  |  | 9 |  |  |  |  |  | 6 |  | 6 |  |  |  |  |  |
| 4 | 17 | 17 | 17 |  | 1 | 16 |  |  |  |  |  |  |  |  |  |  |  |  |  |

续表7－19

| 文章篇目 | 参考文献 | 外文文献 | 英文 | 中译本 | 专著 | 期刊论文 | 报纸 | 论文集 | 网络 | 学位论文 | 其他 | 中文文献 | 专著 | 期刊论文 | 报纸 | 论文集 | 网络 | 学位论文 | 其他 |
|---|---|---|---|---|---|---|---|---|---|---|---|---|---|---|---|---|---|---|---|
| 5 | 11 | 11 | 11 |  | 1 | 10 |  |  |  |  |  |  |  |  |  |  |  |  |  |
| 6 | 8 | 8 | 8 |  |  | 7 |  |  |  |  | 1 |  |  |  |  |  |  |  |  |
| 7 | 12 | 12 | 12 |  | 4 | 8 |  |  |  |  |  |  |  |  |  |  |  |  |  |
| 8 | 14 | 14 | 14 |  | 5 | 9 |  |  |  |  |  |  |  |  |  |  |  |  |  |
| 9 | 26 | 24 | 24 |  | 2 | 10 |  | 9 | 3 |  |  | 2 |  | 2 |  |  |  |  |  |
| 10 | 12 | 8 | 8 |  | 1 | 3 |  | 4 |  |  |  | 4 |  | 4 |  |  |  |  |  |
| 11 | 20 | 15 | 15 |  |  | 15 |  |  |  |  |  | 5 |  | 4 |  |  |  | 1 |  |
| 12 | 17 | 17 | 17 |  |  | 6 |  | 11 |  |  |  |  |  |  |  |  |  |  |  |
| 13 | 13 | 8 | 8 |  |  | 5 |  | 3 |  |  |  | 5 |  | 4 |  |  |  | 1 |  |
| 14 | 12 | 3 | 3 |  |  | 2 |  |  | 1 |  |  | 9 |  | 7 |  |  | 2 |  |  |
| 15 | 20 | 3 | 2 | 1 | 1 | 2 |  |  |  |  |  | 17 | 6 | 10 |  |  |  | 1 |  |
| 16 | 11 | 5 | 4 | 1 | 1 | 2 |  | 2 |  |  |  | 6 | 1 | 5 |  |  |  |  |  |
| 17 | 11 | 4 | 4 |  |  | 4 |  |  |  |  |  | 7 |  | 7 |  |  |  |  |  |
| 18 | 14 | 12 | 12 |  |  | 5 |  | 7 |  |  |  | 2 |  | 2 |  |  |  |  |  |
| 19 | 10 | 1 | 1 |  |  | 1 |  |  |  |  |  | 9 | 3 | 6 |  |  |  |  |  |
| 20 | 11 | 10 | 10 |  |  | 10 |  |  |  |  |  | 1 | 1 |  |  |  |  |  |  |
| 21 | 12 | 12 | 12 |  | 1 | 11 |  |  |  |  |  |  |  |  |  |  |  |  |  |
| 22 | 20 | 20 | 20 |  | 5 | 15 |  |  |  |  |  |  |  |  |  |  |  |  |  |
| 23 | 20 | 7 | 7 |  | 2 | 5 |  |  |  |  |  | 13 | 2 | 11 |  |  |  |  |  |
| 24 | 15 | 15 | 15 |  |  | 15 |  |  |  |  |  |  |  |  |  |  |  |  |  |
| 25 | 10 | 10 | 10 |  | 1 | 9 |  |  |  |  |  |  |  |  |  |  |  |  |  |
| 26 | 16 | 13 | 13 |  |  | 10 |  |  | 1 |  | 2 | 3 |  | 2 |  |  |  | 1 |  |
| 27 | 13 | 6 | 6 |  | 1 | 5 |  |  |  |  |  | 7 | 3 | 3 |  |  |  | 1 |  |
| 28 | 17 | 16 | 16 |  |  | 16 |  |  |  |  |  | 1 |  | 1 |  |  |  |  |  |
| 29 | 24 | 21 | 21 |  |  | 21 |  |  |  |  |  | 3 |  | 3 |  |  |  |  |  |
| 30 | 22 | 6 | 6 |  |  | 6 |  |  |  |  |  | 16 | 1 | 15 |  |  |  |  |  |

续表7-19

| 文章篇目 | 参考文献 | 外文文献 | 英文 | 中译本 | 专著 | 期刊论文 | 报纸 | 论文集 | 网络 | 学位论文 | 其他 | 中文文献 | 专著 | 期刊论文 | 报纸 | 论文集 | 网络 | 学位论文 | 其他 |
|---|---|---|---|---|---|---|---|---|---|---|---|---|---|---|---|---|---|---|---|
| 31 | 13 | 2 | 2 |  | 1 | 1 |  |  |  |  |  | 11 | 1 | 9 |  |  |  |  | 1 |
| 32 | 16 | 9 | 9 |  |  | 9 |  |  |  |  |  | 7 | 1 | 6 |  |  |  |  |  |
| 33 | 14 | 3 | 3 |  |  | 3 |  |  |  |  |  | 11 |  | 10 |  | 1 |  |  |  |
| 34 | 12 | 12 | 12 |  |  | 12 |  |  |  |  |  |  |  |  |  |  |  |  |  |
| 35 | 19 | 10 | 10 |  |  | 10 |  |  |  |  |  | 9 |  | 8 |  |  |  | 1 |  |
| 36 | 22 | 5 | 5 |  |  | 5 |  |  |  |  |  | 16 | 3 | 12 |  |  |  |  | 1 |
| 37 | 21 | 21 | 21 |  |  | 21 |  |  |  |  |  |  |  |  |  |  |  |  |  |
| 38 | 23 | 23 | 23 |  |  | 23 |  |  |  |  |  |  |  |  |  |  |  |  |  |
| 39 | 20 | 7 | 7 |  |  | 7 |  |  |  |  |  | 13 | 1 | 12 |  |  |  |  |  |
| 合计 | 620 | 432 | 430 | 2 | 29 | 355 |  | 35 | 5 |  | 4 | 187 | 23 | 153 |  | 1 | 2 | 6 | 2 |

从表中统计可知，该学报当期刊文 39 篇，引用参考文献 620 条，篇均引文约 16 条：其中篇均外文引文约 11 条，篇均中文引文约 5 条；外文文献 432 条，中文文献 187 条，外文文献占引用文献的 70%，中文文献占引用文献的 30%；在引用的外文文献中，期刊论文占比最高，约 82%，其余依次为论文集、专著、网络和其他，占比约 18%；在引文用的中文文献中，期刊论文占比最高，约 81%，其余依次为专著、学位论文、网络、其他和论文集，约 19%。具体到每篇引文，引文著录事项完整，编排规范。

(4)《南京大学学报》(自然科学版) 2015 年第 4 期，双月刊，不含内页及中英文目录 21.875 个印张 350 页，刊载文稿无栏目划分。具体引文统计见表 7-20。

表 7－20　《南京大学学报》2015 年第 4 期引文行为统计表

| 文章篇目 | 参考文献 | 外文文献 | 英文 | 中译本 | 专著 | 期刊论文 | 报纸 | 论文集 | 网络 | 学位论文 | 其他 | 中文文献 | 专著 | 期刊论文 | 报纸 | 论文集 | 网络 | 学位论文 | 其他 |
|---|---|---|---|---|---|---|---|---|---|---|---|---|---|---|---|---|---|---|---|
| 1 | 12 | 12 | 12 | | | | | | | | | | | | | | | | |
| 2 | 17 | 13 | 13 | | | | | | | | | 4 | | 4 | | | | | |
| 3 | 10 | 8 | 8 | | | | | | | | | 2 | | 2 | | | | | |
| 4 | 17 | 6 | 6 | | | | | | | | | 11 | | 11 | | | | | |
| 5 | 26 | 26 | 26 | | | | | | | | | | | | | | | | |
| 6 | 29 | 25 | 25 | | | | | | | | | 4 | 1 | 3 | | | | | |
| 7 | 23 | 19 | 19 | | | 19 | | | | | | 4 | | 3 | | | | 1 | |
| 8 | 18 | 6 | 6 | | | | | | | | | 12 | | 11 | | | | 1 | |
| 9 | 16 | 11 | 11 | | | | | | | | | 5 | 2 | 3 | | | | | |
| 10 | 22 | 19 | 19 | | | | | | | | | 3 | | 3 | | | | | |
| 11 | 22 | 15 | 15 | | | | | | | | | 7 | | 7 | | | | | |
| 12 | 18 | 13 | 13 | | | | | | | | | 5 | | 5 | | | | | |
| 13 | 22 | 16 | 16 | | | | | | | | | 6 | | 6 | | | | | |
| 14 | 17 | 13 | 13 | | | | | | | | | 4 | | 4 | | | | | |
| 15 | 28 | 21 | 21 | | | | | | | | | 7 | 1 | 6 | | | | | |
| 16 | 26 | 23 | 23 | | | | | | | | | 3 | | 3 | | | | | |
| 17 | 22 | 18 | 18 | | | | | | | | | 4 | | 4 | | | | | |
| 18 | 16 | 12 | 12 | | | | | | | | | 4 | | 2 | | | | 2 | |
| 19 | 21 | 9 | 9 | | | | | | | | | 12 | | 10 | | 1 | | 1 | |
| 20 | 34 | 27 | 27 | | | | | | | | | 7 | | 7 | | | | | |
| 21 | 18 | 10 | 10 | | | | | | | | | 8 | | 8 | | | | | |
| 22 | 18 | 16 | 16 | | | | | | | | | 2 | | 2 | | | | | |
| 23 | 15 | 11 | 11 | | | | | | | | | 4 | 2 | 2 | | | | | |
| 24 | 19 | 14 | 14 | | | | | | | | | 5 | 1 | 4 | | | | | |
| 25 | 20 | 11 | 11 | | | | | | | | | 9 | 1 | 8 | | | | | |
| 26 | 19 | 9 | 9 | | | | | | | | | 10 | | 10 | | | | | |

续表7－20

| 文章篇目 | 参考文献 | 外文文献 | 英文 | 中译本 | 专著 | 期刊论文 | 报纸 | 论文集 | 网络 | 学位论文 | 其他 | 中文文献 | 专著 | 期刊论文 | 报纸 | 论文集 | 网络 | 学位论文 | 其他 |
|---|---|---|---|---|---|---|---|---|---|---|---|---|---|---|---|---|---|---|---|
| 27 | 28 | 24 | 24 | | | | | | | | | 4 | 1 | 3 | | | | | |
| 28 | 18 | 12 | 12 | | | | | | | | | 6 | | 6 | | | | | |
| 合计 | 571 | 419 | 419 | | | | | | | | | 152 | 9 | 137 | | 1 | | 5 | |

从表中统计可知，该学报当期刊文 28 篇，引用参考文献 571 条，篇均引文约 20 条：其中篇均外文引文约 15 条，篇均中文引文约 5 条；外文文献 419 条，中文文献 152 条，外文文献占引用文献的 73%，中文文献占引用文献的 27%；在引用的外文文献中，27 篇文稿没有对引用的外文文献进行规范编排，仅有 1 篇文稿对外文文献进行了规范编排，故没有对外文文献的引文类型及比例进行描述；在引用的中文文献中，期刊论文比占比最高，约 90%，其余依次为专著、学位论文、论文集，占比约 10%。具体到每篇引文，引文著录事项完整，编排规范稍差（没有对所引文献进行文献标识）。

（5）《西南师范大学学报》（自然科学版）2015 年第 6 期，月刊，不含中英文目录 11 个印张 176 页，刊载文稿有栏目划分。具体引文统计见表 7－21。

**表 7－21　《西南师范大学学报》2015 年第 6 期引文行为统计表**

| 文章篇目 | 参考文献 | 外文文献 | 英文 | 中译本 | 专著 | 期刊论文 | 报纸 | 论文集 | 网络 | 学位论文 | 其他 | 中文文献 | 专著 | 期刊论文 | 报纸 | 论文集 | 网络 | 学位论文 | 其他 |
|---|---|---|---|---|---|---|---|---|---|---|---|---|---|---|---|---|---|---|---|
| 1 | 13 | 9 | 9 | | 2 | 7 | | | | | | 4 | | 4 | | | | | |
| 2 | 14 | 8 | 8 | | | 8 | | | | | | 6 | | 6 | | | | | |
| 3 | 6 | 1 | 1 | | | 1 | | | | | | 5 | | 5 | | | | | |
| 4 | 4 | 1 | 0 | 1 | 1 | | | | | | | 3 | 1 | 2 | | | | | |

续表7—21

| 文章篇目 | 参考文献 | 外文文献 | 英文 | 中译本 | 专著 | 期刊论文 | 报纸 | 论文集 | 网络 | 学位论文 | 其他 | 中文文献 | 专著 | 期刊论文 | 报纸 | 论文集 | 网络 | 学位论文 | 其他 |
|---|---|---|---|---|---|---|---|---|---|---|---|---|---|---|---|---|---|---|---|
| 5 | 9 | 2 | 2 | | | 2 | | | | | | 7 | 1 | 6 | | | | | |
| 6 | 16 | 3 | 3 | | | 3 | | | | | | 13 | | 13 | | | | | |
| 7 | 22 | 4 | 3 | 1 | 1 | 1 | | | 2 | | | 18 | 2 | 13 | 1 | | 1 | | 1 |
| 8 | 14 | 11 | 11 | | | 11 | | | | | | 3 | | 3 | | | | | |
| 9 | 20 | 1 | 1 | | | 1 | | | | | | 19 | 5 | 13 | | | | 1 | |
| 10 | 10 | 3 | 3 | | | 3 | | | | | | 7 | | 7 | | | | | |
| 11 | 25 | 2 | 2 | | 1 | 1 | | | | | | 23 | 2 | 18 | | | | 3 | |
| 12 | 9 | | | | | | | | | | | 9 | | 9 | | | | | |
| 13 | 16 | | | | | | | | | | | 16 | | 16 | | | | | |
| 14 | 19 | 4 | 3 | 1 | 1 | 3 | | | | | | 15 | 2 | 12 | | | | | 1 |
| 15 | 14 | 2 | 2 | | | 2 | | | | | | 12 | 2 | 10 | | | | | |
| 16 | 12 | | | | | | | | | | | 12 | 1 | 11 | | | | | |
| 17 | 7 | | | | | | | | | | | 7 | | 7 | | | | | |
| 18 | 12 | | | | | | | | | | | 12 | 1 | 10 | | | | 1 | |
| 19 | 38 | 30 | 30 | | | 30 | | | | | | 8 | 2 | 6 | | | | | |
| 20 | 18 | | | | | | | | | | | 18 | 4 | 14 | | | | | |
| 21 | 6 | | | | | | | | | | | 6 | 3 | 2 | | | | 1 | |
| 22 | 10 | 4 | 4 | | | 1 | | 3 | | | | 6 | | 6 | | | | | |
| 23 | 12 | 9 | 9 | | | 8 | | 1 | | | | 3 | | 3 | | | | | |
| 24 | 13 | 3 | 2 | 1 | 1 | 2 | | | | | | 10 | | 8 | | | | 2 | |
| 25 | 8 | | | | | | | | | | | 8 | 1 | 7 | | | | | |
| 26 | 9 | | | | | | | | | | | 9 | 3 | 6 | | | | | |
| 27 | 8 | | | | | | | | | | | 8 | 2 | 5 | | | | | 1 |
| 28 | 11 | 1 | 1 | | | 1 | | | | | | 10 | | 10 | | | | | |
| 29 | 13 | | | | | | | | | | | 13 | | 12 | | | 1 | | |
| 30 | 14 | 8 | 7 | 1 | 5 | 1 | | | | | 2 | 6 | | 6 | | | | | |

续表7－21

| 文章篇目 | 参考文献 | 外文文献 | 英文 | 中译本 | 专著 | 期刊论文 | 报纸 | 论文集 | 网络 | 学位论文 | 其他 | 中文文献 | 专著 | 期刊论文 | 报纸 | 论文集 | 网络 | 学位论文 | 其他 |
|---|---|---|---|---|---|---|---|---|---|---|---|---|---|---|---|---|---|---|---|
| 31 | 10 | 3 | 3 | 2 | 1 | | | | | | | 7 | 3 | 4 | | | | | |
| 32 | 8 | | | | | | | | | | | 8 | 2 | 6 | | | | | |
| 33 | 8 | 3 | 3 | 2 | 1 | | | | | | | 5 | 4 | 1 | | | | | |
| 合计 | 428 | 112 | 103 | 9 | 15 | 83 | | 4 | 2 | | | 316 | 41 | 261 | 1 | | 2 | 8 | 3 |

从表中统计可知，该学报当期刊文 33 篇，引用参考文献 428 条，篇均引文约 12 条：其中篇均外文引文约 3 条，篇均中文引文约 9 条；外文文献 112 条，中文文献 316 条，外文文献占引用文献的 25%，中文文献占引用文献的 75%；在引用的外文文献中，期刊论文占比最高，约 74%，其余依次为专著、论文集、网络，占比约 26%；在引用的中文文献中，期刊论文比占比最高，约 83%，其余依次为专著、学位论文、其他、网络和报纸，占比约 17%。具体到每篇引文，引文著录事项完整，编排规范。

（6）《华中师大学报》（自然科学版）2015 年第 3 期，双月刊，不含中英文目录 11 个印张 176 页，刊载文稿无栏目划分。具体引文统计见表 7－22。

**表 7－22　《华中师大学报》2015 年第 3 期引文行为统计表**

| 文章篇目 | 参考文献 | 外文文献 | 英文 | 中译本 | 专著 | 期刊论文 | 报纸 | 论文集 | 网络 | 学位论文 | 其他 | 中文文献 | 专著 | 期刊论文 | 报纸 | 论文集 | 网络 | 学位论文 | 其他 |
|---|---|---|---|---|---|---|---|---|---|---|---|---|---|---|---|---|---|---|---|
| 1 | 9 | 9 | 9 | | | 9 | | | | | | | | | | | | | |
| 2 | 10 | 10 | 10 | | 2 | 8 | | | | | | | | | | | | | |
| 3 | 10 | 9 | 9 | | 1 | 7 | | | | | 1 | 1 | 1 | | | | | | |
| 4 | 4 | 1 | 1 | | 1 | | | | | | | 3 | 3 | | | | | | |

续表7-22

| 文章篇目 | 参考文献 | 外文文献 | 英文 | 中译本 | 专著 | 期刊论文 | 报纸 | 论文集 | 网络 | 学位论文 | 其他 | 中文文献 | 专著 | 期刊论文 | 报纸 | 论文集 | 网络 | 学位论文 | 其他 |
|---|---|---|---|---|---|---|---|---|---|---|---|---|---|---|---|---|---|---|---|
| 5 | 11 | 11 | 11 |  | 1 | 7 |  | 3 |  |  |  |  |  |  |  |  |  |  |  |
| 6 | 11 | 10 | 10 |  |  | 10 |  |  |  |  |  | 1 |  | 1 |  |  |  |  |  |
| 7 | 12 | 7 | 7 |  |  | 7 |  |  |  |  |  | 5 | 1 | 4 |  |  |  |  |  |
| 8 | 12 | 6 | 6 |  | 1 | 5 |  |  |  |  |  | 6 | 1 | 5 |  |  |  |  |  |
| 9 | 25 | 22 | 22 |  |  | 22 |  |  |  |  |  | 3 | 1 | 2 |  |  |  |  |  |
| 10 | 10 | 7 | 7 |  |  | 6 |  | 1 |  |  |  | 3 |  | 1 |  |  |  | 2 |  |
| 11 | 15 | 1 | 1 |  |  |  |  | 1 |  |  |  | 14 | 1 | 12 |  |  |  | 1 |  |
| 12 | 9 | 4 | 4 |  |  | 4 |  |  |  |  |  | 5 |  | 5 |  |  |  |  |  |
| 13 | 15 | 14 | 14 |  |  | 14 |  |  |  |  |  | 1 |  | 1 |  |  |  |  |  |
| 14 | 10 | 4 | 4 |  |  | 4 |  |  |  |  |  | 6 |  | 3 |  |  |  | 3 |  |
| 15 | 22 | 6 | 6 |  |  | 6 |  |  |  |  |  | 16 |  | 16 |  |  |  |  |  |
| 16 | 10 | 2 | 2 |  |  | 2 |  |  |  |  |  | 8 |  | 7 |  |  |  | 1 |  |
| 17 | 19 | 4 | 3 | 1 |  | 3 |  | 1 |  |  |  | 15 | 1 | 14 |  |  |  |  |  |
| 18 | 12 | 3 | 3 |  |  | 3 |  |  |  |  |  | 9 | 2 | 4 |  |  |  | 2 | 1 |
| 19 | 10 | 3 | 3 |  |  | 3 |  |  |  |  |  | 7 | 2 | 5 |  |  |  |  |  |
| 20 | 11 | 3 | 3 |  |  | 2 |  | 1 |  |  |  | 8 |  | 7 |  |  |  | 1 |  |
| 21 | 15 | 2 | 2 |  | 1 | 1 |  |  |  |  |  | 13 | 1 | 12 |  |  |  |  |  |
| 22 | 8 | 5 | 5 |  | 2 | 2 |  |  | 1 |  |  | 3 | 1 | 2 |  |  |  |  |  |
| 23 | 22 | 5 | 5 |  |  | 5 |  |  |  |  |  | 17 | 2 | 14 |  |  |  | 1 |  |
| 24 | 23 | 10 | 10 |  |  | 10 |  |  |  |  |  | 13 |  | 13 |  |  |  |  |  |
| 25 | 15 | 5 | 5 |  |  | 5 |  |  |  |  |  | 10 | 1 | 8 |  |  |  | 1 |  |
| 26 | 19 | 1 | 1 |  |  | 1 |  |  |  |  |  | 18 | 1 | 17 |  |  |  |  |  |
| 27 | 13 | 4 | 4 |  | 1 | 3 |  |  |  |  |  | 9 | 1 | 8 |  |  |  |  |  |
| 28 | 22 | 3 | 3 |  |  | 1 |  | 2 |  |  |  | 19 | 1 | 13 |  | 1 |  | 4 |  |
| 29 | 9 | 2 | 2 |  |  | 2 |  |  |  |  |  | 7 |  | 4 |  |  |  | 3 |  |
| 30 | 17 | 14 | 14 |  | 1 | 13 |  |  |  |  |  | 3 |  | 3 |  |  |  |  |  |

续表7—22

| 文章篇目 | 参考文献 | 外文文献 | 英文 | 中译本 | 专著 | 期刊论文 | 报纸 | 论文集 | 网络 | 学位论文 | 其他 | 中文文献 | 专著 | 期刊论文 | 报纸 | 论文集 | 网络 | 学位论文 | 其他 |
|---|---|---|---|---|---|---|---|---|---|---|---|---|---|---|---|---|---|---|---|
| 31 | 6 | | | | | | | | | | | 6 | | 6 | | | | | |
| 合计 | 416 | 187 | 186 | | 11 | 165 | | 9 | 1 | | 1 | 229 | 21 | 187 | | 1 | | 19 | 1 |

从表中统计可知，该学报当期刊文 31 篇，引用参考文献 416 条，篇均引文约 13 条：其中篇均外文引文约 6 条，篇均中文引文约 7 条；外文文献 187 条，中文文献 229 条，外文文献占引用文献的 45%，中文文献占引用文献的 55%；在引用的外文文献中，期刊论文占比最高，约 88%，其余依次为专著、论文集、网络和其他，占比约 12%；在引用的中文文献中，期刊论文占比最高，约 82%，其余依次为专著、学位论文、论文集和其他，占比约 18%。具体到每篇引文，引文著录事项完整，编排规范。

(7)《北京师范大学学报》(自然科学版) 2015 年第 4 期，双月刊，含目录 7 个印张 112 页，刊载文稿无栏目划分。具体引文统计见表 7—23。

**表 7—23　《北京师范大学学报》2015 年第 4 期引文行为统计表**

| 文章篇目 | 参考文献 | 外文文献 | 英文 | 中译本 | 专著 | 期刊论文 | 报纸 | 论文集 | 网络 | 学位论文 | 其他 | 中文文献 | 专著 | 期刊论文 | 报纸 | 论文集 | 网络 | 学位论文 | 其他 |
|---|---|---|---|---|---|---|---|---|---|---|---|---|---|---|---|---|---|---|---|
| 1 | 13 | 13 | 13 | | 2 | 11 | | | | | | | | | | | | | |
| 2 | 6 | 3 | 3 | | 2 | 1 | | | | | | 3 | | 3 | | | | | |
| 3 | 13 | 13 | 13 | | 1 | 12 | | | | | | | | | | | | | |
| 4 | 14 | 13 | 13 | | | 12 | | 1 | | | | 1 | | 1 | | | | | |
| 5 | 10 | 10 | 10 | | 4 | 6 | | | | | | | | | | | | | |
| 6 | 21 | 12 | 12 | | | 1 | | 9 | | | 1 | 9 | 2 | 5 | | | | 2 | |

续表7-23

| 文章篇目 | 参考文献 | 外文文献 | 英文 | 中译本 | 专著 | 期刊论文 | 报纸 | 论文集 | 网络 | 学位论文 | 其他 | 中文文献 | 专著 | 期刊论文 | 报纸 | 论文集 | 网络 | 学位论文 | 其他 |
|---|---|---|---|---|---|---|---|---|---|---|---|---|---|---|---|---|---|---|---|
| 7 | 22 | 13 | 13 | | | 13 | | | 1 | | | 9 | | 8 | | | | 1 | |
| 8 | 15 | 13 | 13 | | | 12 | | | 1 | | | 2 | 1 | 1 | | | | | |
| 9 | 22 | 10 | 10 | | | 10 | | | | | | 12 | 1 | 11 | | | | | |
| 10 | 23 | 21 | 20 | 1 | 2 | 19 | | | | | | 2 | | 2 | | | | | |
| 11 | 18 | 2 | 2 | | | 2 | | | | | | 16 | 2 | 10 | 1 | 1 | | 1 | 1 |
| 12 | 18 | 4 | 4 | | 2 | 2 | | | | | | 14 | 1 | 9 | 1 | | | 2 | 1 |
| 13 | 8 | 3 | 3 | | | 1 | | 2 | | | | 5 | | 4 | | 1 | | | |
| 14 | 11 | 5 | 5 | | 2 | 3 | | | | | | 6 | | 6 | | | | | |
| 15 | 25 | 4 | 4 | | 1 | 2 | | | | | 1 | 21 | 3 | 18 | | | | | |
| 16 | 36 | 16 | 16 | | 2 | 9 | | 3 | | | 2 | 20 | 1 | 17 | | 1 | | 1 | |
| 17 | 33 | 22 | 22 | | 4 | 17 | | 1 | | | | 11 | 4 | 3 | | | | 4 | |
| 18 | 19 | 16 | 16 | | 1 | 15 | | | | | | 3 | | 2 | | 1 | | | |
| 19 | 22 | 7 | 7 | | | 6 | | | | 1 | | 15 | 5 | 9 | | | | 1 | |
| 合计 | 349 | 200 | 199 | 1 | 23 | 154 | | 16 | 2 | 1 | 4 | 149 | 20 | 109 | 2 | 4 | | 12 | 2 |

从表中统计可知，该学报当期刊文 19 篇，引用参考文献 349 条，篇均引文约 18 条：其中篇均外文引文约 11 条，篇均中文引文约 7 条；外文文献 200 条，中文文献 149 条，外文文献占引用文献的 57%，中文文献占引用文献的 43%；在引用的外文文献中，期刊论文占比最高，约 77%，其余依次为专著、论文集、其他、网络和学位论文，占比约 23%；在引用的中文文献中，期刊论文占比最高，约 73%，其余依次为专著、学位论文、论文集、报纸及其他，占比约 27%。具体到每篇引文，引文著录事项完整，编排规范。

(8)《东北师范大学学报》（自然科学版）2015 年第 2 期，季刊，不含中英文目录 10 个印张 160 页。刊载文稿无栏目划分。

具体引文统计见表 7－24。

**表 7－24 《东北师范大学学报》2015 年第 2 期引文行为统计表**

| 文章篇目 | 参考文献 | 外文文献 | 英文 | 中译本 | 专著 | 期刊论文 | 报纸 | 论文集 | 网络 | 学位论文 | 其他 | 中文文献 | 专著 | 期刊论文 | 报纸 | 论文集 | 网络 | 学位论文 | 其他 |
|---|---|---|---|---|---|---|---|---|---|---|---|---|---|---|---|---|---|---|---|
| 1 | 9 | 4 | 4 | | | 4 | | | | | | 5 | | 2 | | | | 3 | |
| 2 | 9 | 4 | 4 | | 1 | 3 | | | | | | 5 | | 4 | | | | 1 | |
| 3 | 14 | 12 | 12 | | | 11 | | 1 | | | | 2 | 2 | | | | | | |
| 4 | 13 | 10 | 10 | | 4 | 6 | | | | | | 3 | | 3 | | | | | |
| 5 | 13 | 10 | 10 | | 1 | 9 | | | | | | 3 | | 3 | | | | | |
| 6 | 10 | 10 | 10 | | 1 | 9 | | | | | | | | | | | | | |
| 7 | 16 | 14 | 14 | | 2 | 12 | | | | | | 2 | | 2 | | | | | |
| 8 | 12 | 11 | 11 | | 4 | 7 | | | | | | 1 | | 1 | | | | | |
| 9 | 13 | 6 | 6 | | 1 | 5 | | | | | | 7 | | 7 | | | | | |
| 10 | 16 | 16 | 16 | | | 16 | | | | | | | | | | | | | |
| 11 | 9 | 4 | 4 | | 1 | 3 | | | | | | 5 | 1 | 4 | | | | | |
| 12 | 8 | 4 | 4 | | | 4 | | | | | | 4 | | 1 | | | | 3 | |
| 13 | 9 | 9 | 9 | | | 2 | | 7 | | | | | | | | | | | |
| 14 | 6 | | | | | | | | | | | 6 | 3 | 3 | | | | | |
| 15 | 8 | 1 | 1 | | | 1 | | | | | | 7 | | 6 | | | | 1 | |
| 16 | 26 | 26 | 26 | | | 26 | | | | | | | | | | | | | |
| 17 | 16 | 14 | 14 | | 1 | 11 | | | 2 | | | 2 | | 2 | | | | | |
| 18 | 22 | 19 | 19 | | | 19 | | | | | | 3 | | 2 | | | | 1 | |
| 19 | 9 | 9 | 9 | | | 9 | | | | | | | | | | | | | |
| 20 | 12 | 9 | 9 | | 1 | 8 | | | | | | 3 | | 3 | | | | | |
| 21 | 30 | 21 | 21 | | | 21 | | | | | | 9 | 1 | 5 | | | | 3 | |
| 22 | 13 | 13 | 13 | | 2 | 11 | | | | | | | | | | | | | |
| 23 | 23 | 6 | 5 | 1 | 2 | 4 | | | | | | 17 | 3 | 13 | | | | 1 | |
| 24 | 26 | 7 | 7 | | 1 | 4 | | | | | 2 | 19 | | 19 | | | | | |
| 25 | 11 | 1 | | 1 | 1 | | | | | | | 10 | 1 | 8 | | | | | 1 |
| 26 | 25 | 22 | 22 | | | 22 | | | | | | 3 | | 3 | | | | | |
| 27 | 33 | 23 | 23 | | 2 | 19 | | | | | 2 | 10 | | 9 | | | | | 1 |

续表7－24

| 文章篇目 | 参考文献 | 外文文献 | 英文 | 中译本 | 专著 | 期刊论文 | 报纸 | 论文集 | 网络 | 学位论文 | 其他 | 中文文献 | 专著 | 期刊论文 | 报纸 | 论文集 | 网络 | 学位论文 | 其他 |
|---|---|---|---|---|---|---|---|---|---|---|---|---|---|---|---|---|---|---|---|
| 28 | 27 | 1 | 1 | | | 1 | | | | | | 26 | | 25 | | | | 1 | |
| 29 | 8 | | | | | | | | | | | 8 | 1 | 7 | | | | | |
| 30 | 8 | 2 | 2 | | | 1 | | 1 | | | | 6 | 2 | 2 | | | | 2 | |
| 合计 | 454 | 288 | 286 | 2 | 25 | 248 | | 9 | 2 | | 4 | 166 | 14 | 134 | | | | 16 | 2 |

从表中统计可知，该学报当期刊文 30 篇，引用参考文献 454 条，篇均引文约 15 条：其中篇均外文引文约 10 条，篇均中文引文约 5 条；外文文献 288 条，中文文献 166 条，外文文献占引用文献的 63％，中文文献占引用文献的 37％；在引用的外文文献中，期刊论文占比最高，约 86％，其余依次为专著、论文集、其他、网络，占比约 14％；在引用的中文文献中，期刊论文占比最高，约 80％，其余依次为学位论文、专著、其他，占比约 20％。具体到每篇引文，引文著录事项完整，编排规范。

## 三、引文差异比较

通过对上述 24 家学术期刊引文行为的统计及分析，我们发现，二者存在显著的差异。具体表现为：

### （一）从引文编排规范的执行力来看

自然科学学术期刊优于社会科学学术期刊。

在我们选取的 8 家自科学术期刊中，引文著录事项，编排规范。只有《南京大学学报》编排规范稍差，没有对所引文献进行文献标识。值得一提的是，《清华大学学报》对引用文献的著录采用了中英文同时著录的形式，对学报的域内外传播有促进作用。在我们选取的 16 家社科学术期刊中，引文著录事项完整，但编排存在较大的个体自主行为。这种自主行为大致分为三种：一是我行我素型，即没有对参考文献和注释进行细分，对所引文献均采用脚注的方式置于当页页脚，如《武汉大学学报》《复旦学报》《中国社会科学》《中国法学》。二是随意型，即在同一刊期中，有的文稿对参考文献和注释进行了细分，并进行规范的编排，有的文稿又没有对参考文献和注释进行细分，对索引文献均采用脚注的方式置于当页页脚，如《中山大学学报》《北京大学学报》《清华大学学报》《华东师范大学学报》《南京大学学报》《南京师范大学学报》。三是规范型，即所有文稿均将注释和参考文献进行了细分，并对参考文献进行了规范编排，如《陕西师范大学学报》《湘潭大学学报》《公共管理学报》《吉林大学学报》《社会科学研究》《世界经济》。

### （二）从引文的形式上看

自然科学学术期刊的引文形式都是以参考文献的方式呈现；社会科学学术期刊的引文形式除了参考文献外，还有注释。

### （三）从引用文献载体的具体类型来看

自然科学学术期刊（表7－17～表7－24）的引用文献载体主要是期刊论文；社会科学学术期刊的引用文献载体主要是专著。在上述16家社会科学学术期刊中，由于前10家学报在编排规范执行较差，故在此类统计中予以忽略，进入统计分析名单的是编排规范执行力较好的学报，即规范型的6家社科学术期刊（表7－11～表7－16）。

### （四）从具体的引文数量来看

自然科学学术期刊的篇均引文数量低于社会科学学术期刊的篇均引文数量。具体统计如下（表7－25、表7－26）：

在自然科学学术期刊中，篇均引文数量最低的是 12 篇，最高的是 20 篇。

**表 7—25　自然科学学术期刊篇均引文数量表**

| 自然科学学术期刊名称 | 载文篇数 | 引文数量 | 均值 |
|---|---|---|---|
| 《中山大学学报》 | 26 | 465 | 18 |
| 《清华大学学报》 | 15 | 281 | 20 |
| 《四川大学学报》 | 39 | 620 | 16 |
| 《南京大学学报》 | 28 | 571 | 20 |
| 《西南师范大学学报》 | 33 | 428 | 12 |
| 《华中师范大学学报》 | 31 | 416 | 13 |
| 《北京师范大学学报》 | 19 | 349 | 18 |
| 《东北师范大学学报》 | 30 | 454 | 15 |

**表 7—26　社会科学学术期刊篇均引文数量统计表**

| 社会科学学术期刊名称 | 载文篇数 | 引文数量 | 均值 |
|---|---|---|---|
| 《陕西师范大学学报》 | 24 | 511 | 21 |
| 《湘潭大学学报》 | 33 | 498 | 15 |
| 《公共管理学报》 | 13 | 646 | 50 |
| 《吉林大学学报》 | 20 | 416 | 21 |
| 《社会科学研究》 | 38 | 809 | 24 |
| 《世界经济》 | 8 | 377 | 47 |

在社会科学学术期刊中，篇均引文数量最低的是 21 篇，最高的是 50 篇。

### （五）从引用文献的语种来看

自然科学学术期刊的英文引文超过中文引文；社会科学学术

期刊的中文引文超过英文引文。但社会科学学术期刊的中英文引用数量具有学科的差异性，具体统计如下（表 7－27、表 7－28）：

**表 7—27　自然科学学术期刊中英文引文数量统计表**

| 自然科学学术期刊名称 | 载文数量 | 引文数量 | 英文引文 | 中文引文 | 英文比例 | 中文比例 |
|---|---|---|---|---|---|---|
| 《中山大学学报》 | 26 | 465 | 275 | 190 | 59 | 41 |
| 《清华大学学报》 | 15 | 281 | 219 | 62 | 78 | 22 |
| 《四川大学学报》 | 39 | 620 | 432 | 187 | 70 | 30 |
| 《南京大学学报》 | 28 | 571 | 419 | 152 | 73 | 27 |
| 《西南师范大学学报》 | 33 | 428 | 112 | 316 | 25 | 75 |
| 《华中师范大学学报》 | 31 | 416 | 187 | 229 | 45 | 55 |
| 《北京师范大学学报》 | 19 | 349 | 200 | 149 | 57 | 43 |
| 《东北师范大学学报》 | 30 | 454 | 288 | 166 | 63 | 37 |

**表 7—28　社会科学学术期刊中英文引文数量统计表**

| 社会科学学术期刊名称 | 载文数量 | 引文数量 | 英文引文 | 中文引文 | 中文引文注释 | 中文引文参考文献 |
|---|---|---|---|---|---|---|
| 《陕西师范大学学报》 | 24 | 511 | 80 | 431 | 88 | 343 |
| 《湘潭大学学报》 | 33 | 498 | 128 | 370 | 27 | 343 |
| 《公共管理学报》 | 13 | 646 | 227 | 419 | 108 | 311 |
| 《吉林大学学报》 | 20 | 415 | 97 | 318 | 92 | 226 |
| 《社会科学研究》 | 38 | 809 | 186 | 623 | 80 | 543 |
| 《世界经济》 | 8 | 377 | 150 | 227 | 108 | 119 |

从表中统计可以看出，我们选取的 8 家自然科学学术期刊，除了《西南师范大学学报》和《华中师范大学学报》外，余下 6 家期刊的英文引文远远超过中文引文。

从表中统计可以看出，我们选取的 6 家社会科学学术期刊，中文引文超过英文引文。但有一点应引起我们的重视：在《公共管理学报》期刊中，中英文引用比例较为均衡；但在《世界经济》期刊中，英文的引用超过了中文的引用。这和学科的差异性有关。笔者在先前的研究中也有类似的发现：教育学、心理学、政治学等学科在引用时都是外文文献远远超过了中文文献。

## 第二节　专著引文差异

选取学术著作为研究样本，集中探讨不同出版社之间的著作引文差异以及同一出版社不同学科属性的著作引文差异。

### 一、专著引文行为样本数据统计与分析

（1）《社会主义法治理念概论》（法律出版社 2012 年 5 月第 1 版）。该著作共引用文献 399 条，未对注释和参考文献进行细分，均采用［1］置于当页页脚，著录事项完整、清楚。在引用的具体文献上，出现较多的是专著、期刊、论文集，没有报纸、网络、学位论文及其他文献；在引用文献的语种上看，主要以中文引文为主，间或出现直接英文引文和英文的中译本；在文稿的结尾，没有参考文献或参考书目。

（2）《中国古代社会研究》（商务印书馆 2011 年 12 月第 1 版）。该著作共引文 72 条，均是以注释的形式出现（没有参考文献）。其出现方式有两种：一是［补注＋数字］，置于当页页脚，凡有“补注”均以“1”领起；二是①，置于当页页脚。在此书的“新版引言”中，作者这样表述道：“本书的再度改排是着重在它的历史意义上……有因变动太大，不便删改的地方，则加上了补注，以免再度以讹传讹。”

（3）《你的个人信息安全吗》（电子工业出版社 2014 年 5 月

第 1 版）。该著作共引文 55 条：注释 43 条，参考文献 12 条。著作中的注释是以“小提示”的形式出现的；在引用的 12 条参考文献中，载体形式全是专著；从引用文献的语种上看，11 条文献是中文，1 条文献是英文的中译本；从编排的格式规范上看，该著作参考文献编排规范。

（4）《大学生就业能力论》（科学出版社 2014 年 4 月第 1 版）。该著作共引文 362 条：注释 10 条，参考文献 352 条；在参考文献中，外文文献 149 条（直接外文 144，中译本 5 条），中文文献 203 条。注释置于当页页脚，均以①领起；参考文献置于文稿末尾，著录事项完备、清楚。但美中不足的是：第一，没有对引用的文献在文稿中予以明确地标识；第二，没有对引用文献进行规范编排，即：文献载体类型缺失。

（5）《反垄断法价值问题研究》（北京大学出版社 2012 年 8 月第 1 版）。该著作共引文 500 条（含注释和参考文献）。未对注释和参考文献进行细分，均采用脚注方式、以①领起置于当页页脚；文后附“主要参考文献”，并对主要参考文献进行了初步的分类（分为中文资料和英文资料：中文资料又细分为“中文著作、译著、文集”和“中文论文”；英文资料未进行分类）。

（6）《情商中国》（复旦大学出版社 2013 年 9 月第 1 版）。该著作共引文 172 条（含注释和参考文献）。未对注释和参考文献进行细分，均采用脚注方式、以①领起置于当页页脚；文后附“参考书目”。参考书目没有排序和进行类别的细分。

（7）《自由实践的教育管理——美学的视角》（高等教育出版社 2011 年 1 月第 1 版）。该著作共引文 191 条：注释 17 条；参考文献 174 条。注释均采用脚注的方式、以①领起，均置于当页页脚；参考文献采用尾注的方式、以［1］领起，按文中引用出现的先后顺序依次排列，参考文献著录事项规范、清楚。

（8）《中国西藏教育研究》（教育科学出版社 2011 年 1 月第

1 版）。该著作共引文 176 条，未对注释和参考文献进行细分，均采用脚注方式、以①领起置于当页页脚；文后附“参考文献”。参考文献分为中文部分和英文部分。

(9)《传统特色文献整理与收藏研究》（国家图书馆出版社 2010 年 8 月第 1 版）。该文献是作者多篇论文的汇集：在每篇论文的后面，有的是以注释的形式出现，有的是以参考文献的形式出现。在论文集之后，有一个“主要论著目录”，目录含著作（24 条）、论文（93 条）。

(10)《蒋百里传》（中华书局 1985 年 2 月第 1 版）。该文献共引文 86 条，均是注释。

## 二、样本分析与样本重新抽取、统计

在社科类出版社中——法律出版社和商务印书馆，由于商务印书馆出版的《中国古代社会研究》根据人民文学出版社 1963 年版的《沫若文集》第 14 卷排印，在注释编排体例上完全按照 1963 年的体例，故商务印书馆的样本在本轮分析中缺失，需重新进行样本选取。

样本的重新抽取：《社会保障学——理念、制度、实践与思辨》郑功成著，商务印书馆 2000 年 9 月第 1 版。该文献共引文 409 条，注释和参考文献未进行细分，均采用脚注的方式，以①领起置于当页页脚。文稿结尾附“主要参考文献”。

在科技类出版社中——电子工业出版社和科学出版社，将注释和参考文献进行了细分，注释和参考文献一目了然。稍有不同的是，电子工业出版社的注释是以“小提示”的形式出现在正文文本中，文本样式与正文文本有显著区别，这种形式就是我们通常所说的“夹注”的变异；科学出版社是以脚注的方式置于当页页脚。在参考文献的编排规范上，电子工业出版社优于科学出版社。

在大学类出版社中——北京大学出版社和复旦大学出版社，均未对注释和参考文献进行细分，这是它们的共同之处。不同之处在于：第一，对文后所附的参考文献的处理上，前者采用的是“主要参考文献”，后者采用的是“参考书目”；第二，在对文后所附的参考文献的处理上，北京大学出版社优于复旦大学出版社：北京大学出版社对主要参考文献进行了“中文资料”和“英文资料”的区分，并且将中文资料又进一步细分为“中文著作、译著、文集以及中文论文”。

在教育类出版社中——高等教育出版社和教育科学出版社，高等教育出版社既对注释和参考文献进行了细分，注释采用脚注、参考文献采用尾注，又依参考文献在文中出现的先后顺序进行排列，并对之进行了规范化的编排；教育科学出版社未对注释和参考文献进行细分，均以脚注的方式置于当页页脚，在文后附有“参考文献”，并将“参考文献”细分为“中文部分”和“英文部分”。

在古籍类出版社中——国家图书馆出版社和中华书局，国家图书馆出版社未对注释和参考文献进行细分，这是作者在不同时期发表的论著的集中汇编，对注释和参考文献的称谓可能与时代有较大的相关性。但在文后，附有一个“主要论著目录”，并对“主要论著目录”进行了“著作”和“论文”的细分。

## 三、引文差异比较及建议

通过对上述10家出版社出版的学术专著的引文行为的统计及分析，我们发现，专著类的引文行为存在差异，但差异不明显。具体分析如下：

从引文规范的执行力来看，上述专著的出版时间主要集中在1985、2000、2010、2011、2012、2014年共计六个年度。随着年度的递增，规范的执行力越好。这与国家新闻出版广电文体总局对出版著作的要求有关，更为重要的是，各大出版社越来越重视学术规范和出版规范。但从执行的效果看，引文规范的执行力仍不容乐观。其一，多数出版社未对注释和参考文献进行细分；其二，在文末参考文献的称谓上各有千秋。借鉴国外的做法，把论著中真正引用（实质引用）的文献称为“参考文献”，把论著中未引用但在写作过程中有启发或启迪的文献称为“参考书目”。

从引用的实质上看，上述专著的引文行为并无多大差异。均是为“证明立论、观点的正确性；提高立论、论点正确性的可信度；阐释立论、论点或延伸相关论点；丰富著述、论文的内涵，扩大外延”。

从引用文献的数量看，《社会主义法治理念概论》引用文献399条，《反垄断法价值问题研究》引用文献500条，《情商中国》引文文献172条，《中国西藏教育研究》引用文献176条，《社会保障学——理念、制度、实践与思辨》引用文献409条，未对注释和参考文献进行细分；余下5部专著对引用文献进行了细分：《你的个人信息安全吗》引用文献55条：注释43条，参考文献12条；《大学生就业能力论》引用文献362条：注释10条，参考文献352条；《自由实践的教育管理——美学的视角》引用文献191条：注释17条；参考文献174条；《传统特色文献整理与收藏研究》是作者多篇论文的汇集：在每篇论文的后面，有的是以注释的形式出现，有的是以参考文献的形式出现，在论文集之后，有一个“主要论著目录”，目录含著作（24条）、论文（93条）；《蒋百里传》引用文献86条，均是注释。

对文献的编排规范上看，在不同出版社之间，科技类出版社要优于社科类出版社。在同一出版社内，自然科学类论著的编排规范要优于人文社会科学类论著的编排规范。自然科学类专著的编排严格区分了注释和参考文献，注释多采用夹注的方式，参考文献采用尾注的方式，参考文献进行了规范化的编排。人文社科类专著的编排，未对引用文献进行细分，对引用文献多采用脚注的方式置于当页页脚，但在专著正文结束之后，又有“参考文献、参考书目、参阅文献”等相关文献著录于后。

令人欣慰的是，国家新闻出版广电总局发布了新闻出版行业标准。如：《CY/T 118—2015 学术出版规范　一般要求》《CY/T 121—2015 学术出版规范　注释》《CY/T 118—2015 学术出版规范　引文》《CY/T 118—2015 学术出版规范　图书版式》《CY/T 118—2015 学术出版规范　科学技术名词》《CY/T 118—2015 学术出版规范　译著》《CY/T 118—2015 学术出版规范　古籍整理》《中文出版物夹用英文的编辑规范（草案）》。这些对学术论著的出版均有极强的指导意义。所以，学术论著的引文，一定要处理好“引文自身内在规则的逻辑性、引文与正文之间的关系以及引文与作品内容风格的一致性”等问题，确保引文规范，与此同时，还要对引文进行恰当的著录和标识，确保引文著录清楚，编排规范。

学术著作是探索知识和传播知识的重要表现形式。作为知识体系，学术论著就要提供引文和著录；作为传播知识，学术论著要尽最大可能地实现可读和便捷。尽管普通读者以及科学界和学术圈以外的非专业读者，对于学术活动的基本特征不尽了解，对学术论著的引文与著录不甚关注，但对科学界和学术圈内人士而言，学术论著的引文与著录绝非小事，这是体现学术发表的公正性，是区别于其他出版物的重要标志。因此，笔者在此建议：

第一，学术论著均应有注释与参考文献。注释可采用夹注或尾注。注释数量少，宜采用夹注方式进行注释，夹注置于正文文稿中，用“（）”标识；注释数量多，宜采用尾注方式进行注释，置于正文文稿结束之后、参考文献之前，用“注释：”标识，通篇采用连续编码，以“①”领起。参考文献不适宜采用脚注，应尽可能地采用尾注。置于文稿最后，通篇采用连续编码，以

“[1]”领起。

第二，学术论著均应有参阅文献或参阅书目，尤其是著作。参阅文献置于参考文献之后，采用连续编码，以“1.”领起。

第三，参考文献和参阅文献均应详细著录和规范编排。

# 第八章　引文教育研究

## 第一节　引文伦理培育

随着科学研究事业的繁荣以及人们在科学研究过程中的功利性追求的不断加剧，许多国家的研究组织都制定了科学研究规范，并加强科学研究规范、科学研究伦理教育。这就是我们提及的科学研究伦理、科学研究规范和学术道德。成立于1997年的国际出版伦理委员会（COPE），旨在应对全球范围内违反科学研究及出版规则的学术伦理问题，于2007和2010年分别在葡萄牙的里斯本和新加坡召开了第1届、第2届国际学术诚信研讨大会，其目标是探讨和寻找处理违反科学研究问题的实用方法和良好对策，并尝试界定科学出版伦理方面的规范指南。目前，COPE有会员6412家，其中美国1125家，英国751家，澳大利亚112家，德国81家，日本63家，法国54家，中国38家。国际上几家大的出版集团，如Elsevier，Wiley - Blackwell，Springer，Taylor & Francis，Palgrave Macmillan和Wolters Kluwer等均为COPE会员。《浙江大学学报》（英文版）于2010年下半年申请加入COPE，成为会员。

在国外，教育科研部门一般都特别重视对学生进行诚信教育。如美国国家科学委员会提供的研究报告《科学研究中的诚信——营造促进负责行为的环境》指出："促进诚信研究环境是教育、教育、教育——道德行为青睐于有准备的头脑。”而在我国，长期以来，忽视对学生进行学术研究素养方面的培训和学术研究道德的培养，常常偏重于对科学知识的传授，缺乏科学精神、科学态度和科学道德的教育，这种情况在一些教育管理条例中也有反映。例如，《中华人民共和国学位条例》对硕士研究生、博士研究生的研究能力做了明确规定，但对学术道德却未提具体要求；《国家教育委员会高等学校学生行为准则》也缺少对学生有关学术规范、学风建设方面的内容。这种现状的直接后果就是导致大学生、研究生，乃至科研工作者缺乏对科学精神、科学规范、科研道德的了解，致使一部分人学术道德素质低下，有意或无意地违背道德底线，违反学术规范，导致各种学术不端行为。

提高引文伦理水平，既规范科学研究活动，又提升科研人员的引文能力。因此，应加强引文伦理的培育。《光明日报》记者在采访中国科学院副院长陈竺时，他说，科学家不能成为科技动物，必须要具有社会责任感，这也是教育的责任，伦理学起码要成为学习自然科学的本科生和研究生的必修课之一。科学伦理分为两个部分，简言之，它对科技界内部而言，就是有一定的道德规范，要求真求实，不能搞弄虚作假；对社会而言，就是要讲对社会的贡献和责任。两方面的教育都需要加强。美国“国际著录规范‘三巨头’之一的《芝加哥手册：作者、编辑、撰稿人必备》自 1906 年首次出版以来，一直是本科生写学期作业、研究生写学位论文、教授写文章专著的学术规范（引文规范）的标准。这种学术规范（引文规范）的训练从本科生开始、在研究生又再度强化，一直到博士论文的写作，久而久之，就形成一种习惯了”。这种做法，既是对引文伦理开展基础理论教育，更是对引文活动的实践教育和引导。在德国，各大学普遍设有科技伦理道德课。因此，我们应加强对学生的引文伦理的教育和培养，让他们从一开始就在引文伦理规范的引导下逐渐习惯并适应这种科学研究精神。与此同时，各高等院校、科研院所的科研管理部门以及行业协会组织应不间断地对科研人员进行引文伦理规范教育，尤其是高等院校、科研院所的科研管理部门，在日常的科研管理工作中，应对科研人员的科研行为进行适时提醒，以促进、引导和保障科学研究沿着健康规范的道路不断前进。对有学术不端行为的科研人员可采用个别谈话、签订承诺书或书面通知等形式，最大限度地杜绝科研（引文）失范的现象。期刊行政主管部门和期刊出版单位（部门）也应加强引文伦理规范的宣讲和引导，坚决禁止引文失范的学术论著的发表。

## 第二节　引文规范教育

引文规范是文献引证的规范化、标准化的简称，是科学研究日益广泛深入的产物。现在，引文规范已经成为一个学术研究的重要组成部分。引文规范是指引用著录、标识、编排规范化、标准化。引用者要对自己“所引文字或片段”进行清楚的著录，即要给“所引文字或片段”找到一个“回家”的路径，让读者通过你的著录能很快地找到“所引文字或片段”的原始文献；与此同时，编辑也可以根据你提供的路径进行审查核对。这既是对前人研究成果的尊重，更是践行学术研究规范的伦理标准。一篇高质量的文稿，不仅仅包括文稿自身具有较高的创新性，即对“所研究的问题”有新的见解，或为“所研究的问题”提供了“新的科技信息，其内容应有所发现、有所发明、有所创造、有所前进，而不是重复、模仿、抄袭前人的工作”，还应当包括文稿本身的编排技术规范。

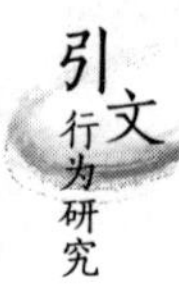


## 一、明确引文规范要求

明确引文规范要求，是解决引文规范教育的首要前提。引文规范是一个复杂的系统工程。引文规范有狭义和广义之分。狭义的引文规范仅仅是指引用者对引文的标识与著录，即我们常说的“引文著录规范”；广义的引文规范包括引文制度规范、引文标识代码规范、引文著录规范、引文编排规范。

### （一）引文制度规范

引文制度规范是指学术共同体（行业协会、组织或学术研究管理机关）制定的对引文行为的相关规定与制度约束。在我国，独立的引文制度规范几乎是一片空白，但这并不代表我们没有引文制度规范。现有的引文制度规范零散分布于：《文后参考文献著录规则》（GB/T 7714—2005），科学技术报告、学位论文和学术论文的编写格式（GB 7713—1987），中国科学院发布的《中国科学院科学技术期刊编排格式规范》（GB/T 3179—1992），原机械电子工业部发布的《科技期刊编辑规范》《期刊编排格式》（GB/T 3179—2009）、《学位论文编写规则》（GB/T 7713.1—2006）、《中国学术期刊（光盘版）检索与评价数据规范》（CAJ-CDB/T 1—1998）及《林业科技期刊编排规范》《农学科技期刊编排规范》《医学科技期刊编排规范》《法律文献引证注释规范》《中国高等学校社会科学学报编排规范（修订版）》《中国高等学校自然科学学报编排规范（修订版）》《综合性人文社会科学学术期刊编排规范》《综合性期刊文献引证技术规范（试行稿）》《〈中国社会科学〉关于引文注释的规定》《〈历史研究〉关于引文注释的规定》《〈文学遗产〉文稿技术规范》等。虽然“学术引文规范”有些瑕疵（前文已有论述），但每一个科研工作者，在引用他人文献时，都必须遵守此引文制度规范，即引用他人的观点、方案、资料、数据等，无论是纸质或电子版，均应详加注释。

### （二）引文标识代码规范

引文标识代码规范是指学术共同体（行业协会、组织或学术研究管理机关）制定的对所引文献的类型（或所引文献的载体类型）进行代码标识的相关规定。

### （三）引文著录规范

引文著录规范是指学术共同体（行业协会、组织或学术研究管理机关）制定的对文稿中引用的文字或片段如何进行真实的标注并在文后予以著录的相关规定。著录的事项因文献载体的差异略有不同。

这是学术共同体（行业协会、组织或学术研究管理机关）制定的对引文著录的相关规定。通过对著录事项的梳理，我们发现：

第一，对所引文献的著录主要涵盖了三层意思：所引文献作者、所引文献篇名、篇名所依附的载体的相关信息。这一认识对引文的编排规范厘清了思路。

第二，所引文献如是磁带图书、光盘图书、网上期刊时，如该文献仅仅只有一种出版发行方式，即磁带、光盘、网络出版发行，那么我们就应该按照非纸质文献的著录事项进行著录；如该文献是纸质文献的二次出版发行，即先有纸质版，后有其他版，那么我们著录的事项应按照纸质文献的著录事项进行著录。这也与“引文应与原始文献为原则”的精神一致。

第三，我们这一梳理，虽看似烦琐，但对论文写作者而言，加强对引文著录的认识和学习是大有裨益的。

### （四）引文编排规范

引文编排规范是指学术共同体（行业协会、组织或学术研究管理机关）制定的对所引文献进行特殊的编辑和技术处理的相关规定和要求。其实质就是对注释和参考文献的技术处理。

对注释的技术处理：文稿中所有注释均按照前后顺序逐条依次编排，注释序号用①②③……注释的编号应与文稿中引文的序号一致，文稿中所有注释均放置于文末。介于正文和参考文献之间。

对参考文献的技术处理：文稿中所有参考文献均按照前后顺序依次编排，参考文献序号用［1］［2］［3］……参考文献的编号应与文稿中的引文的序号一致，所有参考文献均放置于文末注释之后。除此而外，对参考文献的技术处理还包括以下内容：一是作者和篇名之间用“.”（下原点）间隔；二是篇名后加“［文献标识代码］”和“.”（下原点）；三是著作类出版物，出版地与出版社用“:”（冒号）间隔，出版社与出版时间用“,”（逗号）间隔，出版时间与所引用的文字或片段页码用“:”（冒号）间隔，页码后用“.”（下原点）结束；四是期刊类出版物，期刊名称与期刊出版时间（年）用“,”（逗号）间隔；期刊出版时间（年）与期刊期数用“,”（逗号）间隔，期刊期数用“()”著录；期刊期数与所引文字或片段页码用“:”（冒号）间隔，页码后面用“.”（下原点）结束。如所引期刊是年卷本，即一年出版一期（卷），则把期刊期数改为卷，同时去掉“()”，期刊卷数与所引文字或片段页码用“:”（冒号）间隔，页码后面用“.”（下原点）结束；五是网络出版物，引用日期与访问路径之间“.”（下原点）间隔，访问路径后面用“.”（下原点）结束。

引文编排规范看似复杂，其实还是有规律可循的。如果发现了这一规律，整个编排规范问题就迎刃而解了。第一，要熟悉文献的著录事项以及所引文献的标识代码。第二，编排规范含三层意思：作者、篇名、篇名所依附的载体。每层意思之内“,”（逗号）间隔、每层意思结束用“.”（下原点）间隔。每层意思之内“,”（逗号）间隔，如作者为二人以上时，作者与作者之间用“,”（逗号）间隔；每层意思结束用“.”（下原点）间隔，如作者著录结束、篇名著录结束、篇名所依附的载体著录结束。第三，两个特例——引用析出文献和外文文献中译本。析出文献“作者篇名”部分编排格式为：作者．篇名［文献标识代码］. 作者．篇名［文献标识代码］；外文文献“作者篇名”部分编排格式为：作者．篇名［文献标识代码］. 译者．（如译者为二人以上时，译者与译者之间用“,”间隔）。第四，以纸张为载体的传统文献不标载体类型，非纸张型载体文献需在文献标识的同时标注载体类型。

总之，在编排规范中，用得最多的符号是“.”（下原点）、“,”（逗号）、“:”（冒号）。理解了“.”（下原点）、“,”（逗号）、“:”（冒号）的基本意思，对整个文稿的参考文献编排规范就事半功倍。

明确了引文规范的要求之后，还应注意以下几点：

一是引用文献的可信度问题。文献的可信度其实质就是文献的公信力。大多数学报的引文形式是以专著为主，期刊论文次之，引用报纸、论文集、网络、学位论文、其他的则很少。从这个角度上看，专著、专业学术期刊论文的文献的公信力较强，学位论文、报纸、论文集、网络的文献公信力则渐次弱化。因此，我们在学术论文创作中，特别是在资料收集过程中，应注意学术专著和专业学术期刊论文的收集，不能过多地收集和引用报纸、论文集、网络、学位论文等载体类型的文章。

二是关于文献的引用版本问题。一是经典作家的版本。如引用马克思主义经典作家的著作，应采用人民出版社最新版本。二是古典文献的版本和校注本。在引用古典文献时，首先要选择好的版本而不用普及读物和电子版文献。好的版本是指学术界公认的好版本，也指清代学者的精校精刊精注本和现当代学者的高水平校订或校注本。三是英语文献的中译版本。引用文献的版本问题，涉及引用者的学术水平和治学态度，这些应引起我们的重视。

三是关于注释、参考文献代码（“注释、参考文献代码”以下简称文献注码）与句末标点的位置问题。关于这个问题，看起来虽小，很多作者和编辑都容易忽视。对文献注码与句末标点的位置关系问题，我们可做如下处理：

第一，引文若是完整的句子（或一段话），引文文末的点号应该放在引号之内，文献注码放在引号之外。示例 1：

> 顺治十八年（1661），奉天府尹张尚贤称：“自兴京至山海关，东西千余里；开元至金州，南北亦千余里；又有……败瓦颓垣，沃野千里，有土无人，此内忧之甚者。”[4]

（备注：文中的“示例”均摘自《四川大学学报》2010 年第一期文章《清代东北地区城市发展与变迁》。）

第二，引文若是另起提行的引文，不用引号，文献注码既可在句末点号之前，也可在点号之后。示例 2：

> 内陆边疆地区具有一些共同特征，一是这些地区居民以少数民族为主；二是自然环境和气候相对较差；三是经济发展水平相对较慢，以游牧经济为主[1]。

或

> 内陆边疆地区具有一些共同特征，一是这些地区居民以少数民族为主；二是自然环境和气候相对较差；三是经济发展水平相对较慢，以游牧经济为主。[1]

第三，引文若是不完整的句子，引文文末的点号应放在引号之外，文献注码放在引号之后、文末点号之前。示例 3：

> 清后期，自日俄踏入东北，轮轨交错，华洋杂处，洋货云集，“城外人家殷盛，与内城无异，商埠、车站……城外德胜街，因奢侈而繁华”[43]。

第四，引文若是引用者句子中间的一部分，文献注码应紧靠引号，标点符号在文献注码之后。示例 4：

> 金朝末年，蒙古称雄漠北，不断南下攻金，贞佑二年(1214) 攻取辽西、辽东各城，翌年蒙古军攻占“城邑凡八百六十有二”[3]，东北地区的城镇大都毁于一旦。

从引用类型上看，引用分为直接引用和间接引用。示例 1 和示例 2 属于直接引用，示例 3 和示例 4 属于间接引用。直接引用和间接引用可以互相转换。但一定要注意文献注码与句末标点的位置关系。示例 1 是直接引用，现转换为间接引用，其文献注码与句末标点的位置关系如下：

> 顺治十八年 (1661)，奉天府尹张尚贤称，“自兴京至山海关，东西千余里；开元至金州，南北亦千余里；又有……败瓦颓垣，沃野千里，有土无人，此内忧之甚者”[4]。

从引用的语意上看，引用可分为完整引用和非完整引用。示例 1 和示例 2 属于完整引用，示例 3 和示例 4 属于非完整引用。任何语意都有一定的语境。我们在使用非完整引用时，一定要注意语意不能发生变化或引起歧义。

## 二、加强对引文规范主体的教育和培训

加强对引文规范主体的教育和培训，增强引文规范主体的规范化意识，提升引文规范主体的规范化能力，是实现引文规范的

根本措施。在引文规范主体的定位上，我们应坚持“谁引用、谁负责”的原则。以著者为代表的作者（引用者）是引文规范的主体，是引文规范的关键。如何确保引文规范主体顺利实施引文规范，教育就显得尤其重要。对引文规范的教育，可采用分层分类的教育方式进行。分层是指本科生层面和研究生（硕士、博士）层面；分类是指学历学位教育和在职继续教育。

本科层面的引文规范教育，重在强调引文规范目的、引文制度规范、引文标识规范、引文著录规范、引文编排规范，普及科研伦理道德素质和引文基础知识，其目的在于着重培养学生的科研素养、科研态度、科研伦理精神。在引文教育的具体授课方式上，可采用独立的课程设置体系，纳入人才培养目标任务之中。

研究生（硕士、博士）层面的引文规范教育，应将引文规范教育上升到学术道德规范建设的高度，上升到科学研究工作者应履行的社会责任的高度，上升到实施哲学社会科学研究繁荣计划的高度，重在强调引文伦理原则、引文伦理制度，进一步提升引用者引文著录规范和引文编排规范的能力，其目的在于从根本上提升引文伦理道德水平，提高科研修养，规范科学研究行为，促进哲学社会科学研究事业的繁荣。在引文教育的具体授课方式上，可采用专业课程教育与引文规范教育相结合的方式进行，授课教师把自己的科研素养、科研方法、科研态度、科研精神、治学修养等融入专业教育活动中，提高引文教育的针对性。

学历学位教育类引文规范教育，施教主体是高等院校和科研院所；在职继续教育类引文规范教育，施教主体是新闻出版行业主管机关和期刊行业学会。

## 三、健全引文规范督查机制

完善引文规范督查机制，是实现引文规范的最后保障。审稿，是对准备选用稿件的判断、鉴定和评价工作，审稿，是保证杂志质量、杂志正确导向的关键环节之一。这里的“判断、鉴定和评价”，就是对文稿的学术性评判。从审稿制度上看，“三审制”审稿与同行专家审稿，其本质也是对文稿的学术性评判。因此，编辑在审核文稿的过程中，既要考究作者“所引文字或片段”的思想与作者要论述的观点是否存在紧密联系，又要审核作者“所引文字或片段”与原始文献是否一致，还要校验作者“所引文字或片段”的著录是否清楚，更要核验对“所引文字或片段”的著录是否进行了规范化的编排（即编排规范）。因此，在审稿环节，我们应坚持“谁审稿、谁负责”的原则。

在出版环节，坚决贯彻“三审三校一通读”的工作机制。在审读过程中，尤其要注意文后参考文献的著录格式和编排技术规范，形成引文行为督查的常态化工作机制，确保引文行为真实，引文编排技术到位。

# 结　语

引文行为是一种十分复杂的心理活动和行为活动，具有极强的系统性。规范引文行为应加强引文行为体系建设。引文行为包括引文动机、引文作用、引文伦理、引文规范、引文法律属性。引文动机、引文作用、引文伦理是建立引文行为体系的理论基础，引文规范是建立引文行为体系的核心，引文法律属性是建立引文行为体系的法律保障。此研究结果为加强引文行为体系建设、开展实施引文教育奠定了基础。

引文规范有极强的层级体系，应完善引文规范措施。引文规范包括引文制度规范、引文标识规范、引文著录规范和引文编排规范。规范引文行为应采用自律和他律相结合的办法。自律是研究者科研伦理提升的内在体现，是规范引文行为的关键措施；他律是知识产权保护的法律措施，是规范引文行为的辅助措施。此研究结果为学术规范化建设，尤其是引文规范化建设提供了路径基础。

社会科学类、自然科学类学术期刊的引文行为存在显著差异，主要表现在引文编排规范的执行力、引文著录方式、引用文献的载体类型、引文数量、引用文献的语种等方面。社会科学学术期刊引用文献的语种具有学科差异性。专著类的引文行为存在差异，但差异不明显。此研究结果对不同学科类别的学术论文的写作具有指导意义。

引文教育，应加强引文伦理培育和引文规范教育，宜采用分层分类的教育方式进行。此研究结果为不同教育主体开展实施引文教育指明了路径和策略。

# 参考文献

[1]〔法〕爱弥尔·涂尔干. 职业伦理与公民道德 [M]. 渠东，付德根，译. 上海：上海人民出版社，2001.

[2]〔美〕安德鲁·弗里德兰德，卡罗尔·弗尔特. 如何写好科研项目申报书 [M]. 2 版. 郑如青，译. 北京：北京大学出版社，2010.

[3] 陈仁风. 现代杂志编辑学 [M]. 北京：中国人民大学出版社，1995.

[4] 陈晓丽. 引文类型比较分析 [J]. 图书与情报，1998 (4).

[5] 陈竺. 科学伦理应成为理科生必修课 [N]. 光明日报，2002-12-09.

[6] 杜家贵. 社会科学期刊编辑实用手册 [M]. 北京：中央编译出版社，2002.

[7]〔美〕E. 霍贝尔. 原始人的法 [M]. 张文青，译. 贵阳：贵州人民出版社，1992.

[8]〔德〕费希特. 论学者的使命、人的使命 [M]. 梁志学，沈真，译. 北京：商务印书馆，2008.

[9] 郭晓兰. 引文及其自引与伪引 [J]. 现代情报，2004 (4).

[10] 国家标准局. 科学技术报告、学位论文和学术论文的编写格式（GB/T 7713—1987）[S]. 北京：中国标准出版社，

1987.

[11] 国家标准局. 文后参考文献著录规则（GB/T 7714—1987）[S]. 北京：中国标准出版社，1987.

[12] 赵永新. 捍卫真实就是捍卫科学生命 [J]. 人民日报，2017-04-24.

[13] 〔美〕克利福德·G. 克里斯蒂安，马克·法克勒，金·B. 罗特佐尔，等. 媒体伦理学 [M]. 张晓辉，译. 北京：华夏出版社，2000.

[14] 赖方忠. 高校人文社科学报引文现状分析 [J]. 四川警察学院学报，2011，(3).

[15] 赖方忠. 人文社科学报引文行为研究 [M]. 成都：四川大学出版社，2011.

[16] 赖方忠. 引文规范研究 [M]. 四川理工学院学报（社会科学版），2013（5）.

[17] 赖方忠. 引文失范研究 [J]. 四川警察学院学报，2013（4）.

[18]〔希腊〕苏格拉底，卢梭，海德格尔. 智慧简史：对世界奥秘的终极探索 [M]. 吕陈君，编. 北京：中国言实出版社，2008.

[19]〔美〕科学、工程与公共政策委员会. 怎样当一名科学家 [M]. 北京：北京理工大学出版社，2004.

[20] 美国心理协会. APA 格式：国际社会科学学术写作规范手册 [M]. 6 版. 席仲恩，译. 重庆：重庆大学出版社，2011.

[21]〔美〕R. 科斯，等. 财产权利与制度变迁——产权学派与新制度学派译文集 [M]. 上海：上海三联书店，上海人民出版社，1994.

[22] Thorne F C. The citation index：author case of spurious validity [J]. J Clinical Psychology，1977：33.

[23] 苏宏元. 网络传播学导论 [M]. 北京：中国社会科学出版社，2010.

[24] Weinstock M. Citation indexes，encyclopedia of library and information science [J]. New York：Marcel Dekker，1971 (5).

[25] 王崇德. 文献计量学引论 [M]. 桂林：广西师范大学出版社，1997.

[26] 王希. 美国名牌大学的博士生培养制度——以历史学研究生的培养为例 [J]. 中国政法大学人文论坛，2004 (1).

[27] 杨化兵，叶春峰. 论影响因子及其在科研评估等方面的应用 [J]. 情报杂志，2001 (1).

[28] 杨玉良. 大学的学术使命与社会责任 [N]. 中国教育报，2010-07-19.

[29] 尹玉洁. 新中国 60 年学术期刊事业回眸 [J]. 四川理工学院学报（社会科学版），2012 (4).

[30] 张积玉. 社科期刊撰稿与编辑规范十二讲 [M]. 西安：陕西师范大学出版社，1994.

[31] 张彦. 用引证分析作为评价指标须慎之又慎 [N]. 社会科学报（沪），2006-11-16 (5).

[32] 中国学术期刊（光盘版）检索与评价数据规范 [S]. 北京：中国学术期刊（光盘版）编辑委员会，2006.

[33] 中华人民共和国国家标准化管理委员会. 文后参考文献著录规则（GB/T 7714—2005）[S]. 北京：中国标准出版社，2005.